LOS 7 LUGARES DONDE *Jesús* DERRAMÓ SU SANGRE

WHI
HO

Traducción al español por: Sara Raquel Ramos

LOS 7 LUGARES DONDE JESÚS DERRAMÓ SU SANGRE
Publicado originalmente en inglés bajo el título:
The 7 Places Jesus Shed His Blood

Puede contactar al Pastor Larry y a Tiz al:
Larry Huch Ministries
P.O. Box 610890
Dallas, TX 75261
www.newbeginnings.org / www.LarryHuchMinistries.com

ISBN: 978-1-60374-510-9
Impreso en los Estados Unidos de América
© 2009 por Larry Huch

Whitaker House
1030 Hunt Valley Circle
New Kensington, PA 15068
www.whitakerhouse.com

Contenido

Capítulo 1

La sangre de Cristo tiene más poder del que usted se imagina

Semana tras semana recibimos cartas de creyentes expresando la necesidad de ser libres. También recibimos muchas cartas de gente que no han nacido de nuevo como cristianos pero que están desesperados por respuestas a sus problemas. Existe gente en toda esta nación que batallan contra las maldiciones generaciones de sus propias vidas o en las vidas de su familia—depresión, suicidio, padecimiento de todo tipo, lujuria incontrolable, promiscuidad, ansiedad, fracaso, pobreza, abandono, hechicería, temor, rebeldía, abuso y adicciones de todo tipo. La lista continúa.

Llegó una carta de un hombre que dijo haber llorado incontrolablemente al escuchar mi testimonio. Nos dijo que mi historia pudo haber sido su historia, excepto porque ya había perdido a su esposa e hijos debido a su cólera, ira descontrolada. Se había vuelto desanimado al haber tratado todo lo que pudo para cambiar su vida. Falló en todo. Dijo aún, que prefería ser la víctima, la persona que fue abusada, en vez del abusador, porque como abusador debía vivir con la horrible vergüenza y culpabilidad.

Existe mucha atención enfocada en las víctimas por abuso, pero este hombre declaró: "Soy un abusador, pero también soy una víctima, una víctima de mi propia ira. Por favor ayúdeme a cambiar". Mi corazón se partió con los recuerdos y sentimientos de mi pasado inundándome. Vi cuán desesperadamente necesita la gente saber cómo pueden ser libres.

Cuando escucho estas historias y leo estas cartas, lloro ante Dios. Soy recordado de cómo dijo el profeta Oseas: *"Por falta de conocimiento mi pueblo ha sido destruido"* (Oseas 4:6). Como resultado, estoy determinado en llevar la Palabra de Dios a aquellos que han sido pisoteados por Satanás, aquellos que están agotados y listos para rendirse a la derrota. El enemigo no deja ninguna táctica para tratar de derrotar al pueblo de Dios. Nada está más allá de la agresión demoníaca. Nada, así es, excepto la sangre de Jesús.

EL PODER DE LA SANGRE

La sangre de Jesús es la fuente de poder para nuestra salvación y libertad. En el momento que recibimos a Jesucristo en nuestros corazones y vive, hemos sido perdonados por nuestros pecados. Jesús entonces se convierte en *Jehová-Tsidkenu*, nuestro justiciero; y *Jehová-M'kaddesh*, nuestra santificación activa.

Somos hecho justos por la sangre de Jesús que limpia cada pecado que hayamos cometido. Eso significa que ya no somos más, enemigos de Dios; sino que estamos en la relación correcta con Él. La sangre de Jesús no solamente cubre nuestros pecados. ¡La buena noticia de Jesucristo es mucho mejor que eso!

No me importa si el pecado es drogadicción, abortar, mentir o robar, cuando clamamos la sangre de Jesús, su sangre erradica ese pecado.

> *¿Son tus pecados como escarlata? ¡Quedarán blancos como la nieve! ¿Son rojos como la púrpura? ¡Quedarán como la lana!*
>
> (Isaías 1:18)

Nuestros pecados son como una mancha de teñido penetrante que no puede quitarse con una limpieza normal. Pero aunque nuestros pecados sean manchas de teñido profundo, la sangre de Jesús nos vuelve más blancos que la nieve. Desde la perspectiva de Dios, la sangre de Jesús nos limpia para que estemos ante Él como si nunca hubiéramos pecado (véase Hechos 3:19).

Tan bueno como es esto—y esa noticia es importante porque es la esperanza para nuestras vidas—es que no es toda la historia de nuestra salvación. Lo que muchos cristianos no saben es que su salvación no está limitada al perdón de pecados. El Dios que me dijo hace muchos años atrás "Larry, tus pecados son perdonados", es el mismo Dios que dijo: "Cocaína, fuera. Alcohol, fuera. Pobreza, fuera. Enfermedad, ira y violencia fuera". *¡Es el mismo Dios!*

El plan de Dios para nuestras vidas no es caos, conflicto y dolor. Su plan para nuestras vidas es gozo, paz y felicidad. Hoy, en mi vida personal, mi matrimonio y mi familia, vivimos sueños que nunca pensé posibles. No podía dejar las drogas por mi propia determinación o por la fuerza de mi propia voluntad, pero Jesús me liberó. La metadona no pudo curarme. La acupuntura no pudo curarme. La hipnosis no pudo curarme. Pero la sangre de Jesús hizo la obra, y, ¡fue una obra total!

MÁS QUE CONQUISTADORES

Como cristianos, estamos agradecidos porque Dios nos redimió, limpiando el pecado y destrucción en nuestras vidas. Pero nuestra salvación involucra más que ese perdón de pecados.

> *Que si confiesas con tu boca que Jesús es el Señor, y crees en tu corazón que Dios lo levantó de entre los muertos, serás salvo.*
>
> (Romanos 10:9)

Creo que esta es la promesa más importante en la Biblia. La palabra "*salvo*" en lenguaje griego, en el cual fue originalmente escrito el Nuevo Testamento, es la palabra *sozo*. Esta también significa ser sanado, ser preservado, ser completo. Cuando Jesús habló acerca de nuestra salvación, no sólo habló acerca de ser perdonado y convertirse en cristiano. La salvación significa recibir todo lo que es nuestro—todo lo que fue pagado por medio de la sangre de Jesús. Eso significa que somos perdonados, pero también quiere decir que somos sanados, libertados, prosperados, bendecidos y redimidos. La salvación que Jesucristo tiene para nosotros es *perdón, sanidad, independencia, prosperidad, libertad, autoridad y poder.*[1]

Romanos 8:37 dice: "*Somos más que vencedores por medio de aquel que nos amó*". Cuando realistamente valoramos todo lo que estamos enfrentando y hacemos balance de nuestros propios medios (nuestra propia fuerza y poder, y, nuestra propia habilidad de realizar las cosas) y vemos que las probabilidades están apiladas contra nosotros, entonces necesitamos volver a Dios y encontrar lo que Él tiene para nosotros. Necesitamos conocer la verdad que nos hará libres. Y la verdad es esa, por medio del poder de la sangre derramada de Jesucristo, no caeremos—nos levantaremos. No importa cuán grande sea el gigante que estemos enfrentando, en Jesucristo somos más que conquistadores.

Cuando todas las circunstancias de su vida lo derroten por un rato, cuando pareciera que la gente quiere mantenerlo derribado, cuando todo indica que usted perderá, recuerde, *usted no va a perder porque usted nació para ganar*. Usted ganará si no desmaya, si se mantiene firme, y si se levanta como un guerrero y dice: "¡En el nombre de Jesucristo y en el poder de su sangre, no me hundiré, saldré a flote! ¡La victoria es mía!".

No importa lo que usted esté enfrentando—problemas de matrimonio, problemas de salud, problemas financieros, problemas espirituales, alcohol, drogas, cigarrillos—Jesús está justo ahí y es su salvador, su redención, y su libertad en este momento. Su *sozo*—su salvación, sanidad y libertad—está aquí, no en el amable dentro de poco, sino *ahora*. Quiero decirlo de esta manera: ¡No en el amable dentro de poco cuando muera, sino puesto en la tierra mientras todavía estoy rondando!

El enemigo nunca se rinde. Nunca descansa en su lucha para derrotarnos. Cuando somos hecho justos por medio de la sangre de Jesús, no hemos luchado la última batalla, pero ahora estamos del lado ganador. El enemigo continuará sus agresiones, intentando capturar nuestras mentes y controlar nuestras emociones, pero podemos derrotar al enemigo y vivir en victoria cada día.

El diablo se le acerca y le dice: "Sabes qué, todavía tienes ese problema de enojo. Nunca cambiaras. Sigues teniendo ese problema de depresión. Nunca cambiaras. Sigues teniendo ese problema de alcohol o drogas. Nunca cambiaras". Su acusador dice: "Tú has nacido de nuevo, pero eres hipócrita porque vas hacia tu segundo divorcio, y, nunca cambiaras". Usted está colocado ante el trono de la gracia, pero el diablo continúa acusándolo día y noche. El Padre se inclina y pregunta: "¿Cómo te declaras?". Usted sabe que las acusaciones son verdaderas porque realmente tiene estas fallas.

Usted mira hacia el Padre y dice: "Culpable". Entonces el Padre se inclina de nuevo y dice: "No te declares culpable, hijo. No te declares culpable, hija. Declara la sangre de Jesús. No declares alcohol; declara la sangre. No declares el error; declara la sangre. No declares pobreza; declara la sangre. Has sido redimido por medio de la sangre de Jesús".

Amigos expertos y espabilados le dijeron a mi mamá y a mi papá: "Tu hijo nunca cambiará". Y no podía cambiar por mí propia cuenta. Nací de nuevo y no podía cambiar. Estaba lleno con el Espíritu y no podía cambiar. Entonces supe acerca del poder de la sangre de Jesús para mi vida, y me levanté y dije: "Diablo, ya has sido vencido. Soy libre por medio de la sangre de Jesús". Cuando Jesús fue colgado en la cruz, Él dijo: *"Todo se ha cumplido"* (Juan 19:30). El pacto de sangre entre Dios y el hombre ha sido cumplido. Todo lo que usted necesita ha sido pagado totalmente por medio de la sangre de Jesús.

La gente solía decirme: "Nunca cambiaras. Nunca serás libre". El mundo dice: "Una vez drogadicto, siempre un drogadicto". Eso puede ser lo que el mundo dice, pero la Palabra dice algo más: "*Si el Hijo los libera, serán ustedes verdaderamente libres*" (Juan 8:36).

Podemos decirles a los niños en nuestras escuelas "¿Saben qué? Cuando ustedes le dicen 'no' a las drogas, hay un poder que les dará fuerza interior. No tienen que ser arrastrados de nuevo en las drogas y el alcohol".

Podemos ir a nuestras prisiones con el mensaje de esperanza y superación. Uno de nuestros ministros del Centro Cristiano Nuevos Comienzos tuvo que hacer doble servicio debido al avivamiento que ocurrió. Uno de los internos, con quien ministramos en la prisión es un "condenado a cadena perpetua" y está ayudando a dirigir uno de nuestros estudios de la Biblia. Fue traído ante los miembros de legisladores del estado que le dijeron: "El ochenta y dos por ciento de los convictos regresan a la prisión por otra condena después de haber sido liberados de una sentencia previa. Ahora después de seis años, sólo dos de su grupo han regresado a la prisión. El resto de ellos están laborando en sus trabajos y apoyando a sus familias. ¿Cuál es la diferencia? Díganos, ¿por qué sucede eso?".

Él le dijo a los legisladores: "Primero, Jesucristo ha tomado la carga de nuestros pecados y Él nos ha lavado y limpiado. Él nos dio un nuevo inicio. Somos nacidos de nuevo y estamos aquí para decirles que Él no es sólo el removedor de la carga, también es el destructor del yugo. No tenemos que regresar a la prisión. No tenemos que volver a robar. No tenemos que volver a hurtar. No tenemos que golpear otra vez a nuestras esposas. Ya no tenemos que doparnos. No tenemos que beber alcohol otra vez. Jesús está vivo en nosotros. Él pagó el precio por nosotros".

Estos internos están siendo libres y se mantienen libres por medio de la sangre de Jesucristo.

El pueblo judío entendió la enseñanza de la sangre. Cuando ellos necesitaban perdón, ponían sangre en el altar del templo. Cuando necesitaban misericordia, ponían sangre en el propiciatorio. Cuando necesitaban oír de Dios, ponían sangre en telón para poder entrar en el Lugar Santísimo y estar en la presencia de Dios. Cuando necesitaban paz, traían un sacrificio de sangre. Cuando necesitaban sanidad, traían un sacrificio de sangre. Cada vez que necesitaban un milagro, ofrecían un sacrificio de sangre (véase Levíticos 1–7).

Para usted y para mí, existe un río que nunca se seca. Es la fuente de todo lo que Dios quiere hacer en nuestras vidas y a través de nuestras vidas. Es el río fluyente de la sangre de Jesús. Bajo el nuevo pacto, no necesitamos aplicarlo cada vez que necesitemos un milagro, cada vez que necesitemos entrar en la presencia de Dios y cada vez que necesitemos sanidad. Todo lo que debemos hacer es darnos cuenta que el poder de la sangre de Jesucristo está para que nosotros la clamemos cada vez que necesitemos un toque de Dios.

¿LEY O GRACIA?

Después que Jesús ascendió y regresó al cielo, hubo un debate de sus seguidores acerca de si somos salvos por obedecer los requerimientos de la ley o por aceptar la gracia de Jesucristo.

> *Todos los que viven por las obras que demanda la ley están bajo maldición, porque está escrito: "Maldito sea quien no practique fielmente todo lo que está escrito en el libro de la ley". Ahora bien, es evidente que por la ley nadie es justificado delante de Dios, porque "el justo vivirá por la fe". La ley no se basa en la fe; por el contrario, "quien practique estas cosas vivirá por ellas". Cristo nos rescató de la maldición de la ley al hacerse maldición por nosotros, pues está escrito: "maldito todo el que es colgado de un madero". Así sucedió, para que, por medio de Cristo Jesús, la bendición prometida a Abraham llegar a las naciones, y para que por la fe recibiéramos el Espíritu según la promesa.* (Gálatas 3:10–14)

La persona que cree que es salvada por medio de su propia rectitud debe ser perfectamente justa en cada uno de los puntos. Si una persona piensa que es salvada por seguir las reglas y requerimientos de la ley, entonces va a tener que seguir la ley en todo lo que haga o la maldición de la ley recaerá sí.

Con frecuencia la gente dice que somos redimidos por la ley, por consiguiente somos libres de las obligaciones o requerimientos. Pero lo que Gálatas 3:13 dice, es que somos redimidos de la *maldición* de la ley porque Jesucristo se convirtió en la maldición para nosotros. Cada pecado que cualquiera haya cometido tiene una maldición sobre éste. Jesús no sólo tomó nuestros pecados para Él, sino que también tomó nuestra maldición por el pecado. *Jesús nos ha redimido de la maldición de nuestro pecado.*

Nuestras finanzas, matrimonio, hogares, emociones y mentes han sido secuestrados por el demonio. Pero Jesús vino y pagó totalmente el rescate para cada área de nuestras vidas y nos trajo de regreso al camino donde estamos supuestos estar.

Hoy pongo al cielo y a la tierra por testigos contra ti, de que te he dado a elegir entre la vida y la muerte, entre la bendición y la maldición. Elige, pues, la vida, para que vivan tú y tus descendientes.

(Deuteronomio 30:19)

La ley de Moisés contenía la bendición y la maldición. Si usted seguía los mandamientos de Dios, haciendo todo lo que Dios dice, entonces habría bendiciones sobre usted, su familia, su ciudad y su nación. Si usted no honoraba a Dios o seguía su Instrucción, entonces una maldición recaería sobre usted, su familia, su ciudad, su estado y su nación. Si hizo lo que era correcto, usted sería bendecido. Si hizo lo malo, entonces una maldición recaería sobre usted.

Pero los creyentes en Jesucristo no estamos atados por la ley de Moisés. Por medio de la muerte de Jesús en la cruz, Jesús se convirtió en la maldición para que podamos ser liberados de la maldición y ser bendición para nuestra familia, iglesia, ciudad y nación. La pobreza es una maldición. La enfermedad es una maldición. Las enfermedades son una maldición. El divorcio es una maldición. Las drogas, el alcohol y el abuso forman parte de la maldición. Cuando estamos bajo la sangre de Jesús, somos redimidos de la maldición. Al estar colgado muriendo en la cruz, Jesús dijo: *"Todo se ha cumplido"* (Juan 19:30). Nuestra redención a través del nuevo pacto de la sangre fue completada en la cruz.

> *Como bien saben, ustedes fueron rescatados de la vida absurda que heredaron de sus antepasados. El precio de su rescate no se pagó con cosas perecederas, como el oro o la plata, sino con la preciosa sangre de Cristo, como de un cordero sin mancha y sin defecto.* (1 Pedro 1:18–19)

Nuestra redención es total y cubre todo por lo que Jesús derramó su sangre, lo que es cada parte y cada uno de nosotros. La única manera que la redención se queda corta es si no lo sabemos y no la aplicamos. El demonio no quiere que usted tenga el conocimiento de la sangre del Cordero, porque si usted no tiene el conocimiento del poder vencedor de la sangre, entonces el demonio puede vencerlo a usted. Sin embargo, al obtener ese conocimiento y aplicarlo en su vida, usted puede vencer al demonio.

No existe nada derrotado acerca de la cristiandad. No existe nada sin victoria en la cristiandad. Cuando Jesús fue colgado en la cruz, en vez de la derrota, Él gritó con voz de victoria, "¡Todo está cumplido!" (véase Juan 19:30).

> *Me explico: El mensaje de la cruz es una locura para los que se pierden; en cambio, para los que se salvan, es decir, para nosotros, este mensaje es el poder de Dios.* (1 Corintios 1:18)

La cristiandad no es una religión débil. No es una religión de sólo tomar o de córrete y escóndete. El cristianismo es una religión fuerte porque grande es Él que está en nosotros que aquel que está en el mundo (véase 1 Juan 4:4). Nuestro acusador, Satanás, ha sido echado y derrotado por la sangre derramada de Jesucristo.

> *Luego oí en el cielo un gran clamor Han llegado ya la salvación y el poder y el reino de nuestro Dios; ha llegado ya la autoridad de su Cristo. Porque ha sido expulsado el acusador de nuestros hermanos, el que los acusaba día y noche delante de nuestro Dios. Ellos lo han vencido por medio de la sangre del Cordero y por el mensaje del cual dieron testimonio; no valoraron tanto su vida como para evitar la muerte.*
>
> (Apocalipsis 12:10–11)

La manera que vencemos al enemigo es por medio de la sangre del Cordero. No vamos a vencer al demonio por medio de la metadona. No vamos a vencer al demonio por medio de la hipnosis. No vamos a vencer al demonio por medio de un año o toda la vida en consejería profesional. La palabra *vencer* no significa que se "obtuvo por". No quiere decir que ellos escaparon. No quiere decir que se escondieron. Usted no puede decir "sólo me esconderé del demonio". El demonio conoce donde vive usted. ¡Tiene su dirección, número telefónico, número de seguro social, número de su tarjeta de crédito y el número de su cuenta bancaria!

La palabra *"vencer"* en Apocalipsis 12:11 significa conquistar, prevalecer, y obtener la victoria.[2]

Me he dado cuenta por medio de la Palabra de Dios que no es por medio de mi propia posibilidad, mis propios derechos, porque oro y ayuno, o no fumo, no juro, no masco tabaco, no salgo con aquellos que hacen lo que puedo vencer. No, vencemos por medio de la sangre del Cordero.

¡No sólo es que el demonio *no* me atrapará, sino que *yo* lo atraparé! No somos llamados para estar en la tierra en la que ahora estamos—somos llamados para tomar la Tierra Prometida. Podemos tomarnos las calles. Podemos tomar de nuevos nuestras escuelas. Podemos tomar nuestro sistema judicial. Podemos tomar de nuevo el gobierno por medio de la sangre de Jesús. Somos llamados a vencer, no a ser neutrales y no hacerlo bien. Podemos hacerlo más que bien. ¡Podemos vencer por medio de la sangre de Jesús!

Recibimos esta carta de un hombre que recientemente experimentó la llenura de su salvación de la sangre comprada.

Estimado Pastor Larry Huch,

Agradezco a Dios por su unción para traer liberación a los hijos de Dios. He sido salvado y llenado con el Espíritu Santo desde 1983, pero todavía sigo adicto, colérico y con profundos dolores. Dios sigue trabajando en mi vida "limpiando mi desorden", por decirlo.

Recientemente, escuché una serie de grabaciones de su mensaje: "Rompiendo las maldiciones familiares". Me sentía muy cargado anotando y escuchando cada palabra. Escuché la última cinta de la serie y usted oró y salieron los poderes de la oscuridad, pero no pensé o sentí que estaba liberado.

*Detuve la última cinta, y mientras me diri-
gía hacia la puerta de mi cuarto, "pum" me golpeó
como una gran tormenta desde el cielo. Sentí la
mano de Dios y el poder del Espíritu Santo devo-
rándome. Traté de mantenerme de pie, pero no
pude. Me arrodillé de piernas y manos, pero mis
brazos no podían soportarme. Me rendí a este poder y caí postrado al piso. Traté de levantarme,
pero el poder y la electricidad yendo hacia mí me
mantuvieron en el piso. Cuando pude levantarme,
me sentí totalmente diferente—¡me sentí libre por
primera vez en mi vida cristiana! Desde ese día no
he tenido que luchar como en el pasado pero ¡estoy
caminando en victoria y libertad total!*

*Le agradezco a Dios por ministros como usted
quienes no sólo hablan acerca de Dios, sino también que tienen experiencias como las que usted ha
tenido. Esto le da habilidad en la práctica para saber que lo que Dios hizo por usted, lo puede hacer
por otros como yo.*

Agradecido y bendecido por medio de usted,

Jay

Este es el poder en la sangre del Cordero. Está
disponible para mí y está disponible para usted. Usted puede ser libre en cada parte de su vida y en todo
lo que le concierne gracias a la sangre de Jesús.

Se proporcionan preguntas de discusión opcio-
nales tras cada capítulo para un estudio más exten-
so, si se desea.

Preguntas para la discusión

1. Léase Oseas 4:6. ¿Qué dice el profeta Oseas acerca del por qué el pueblo es destruido?

2. ¿Qué dice Isaías 1:18 acerca de nuestros pecados?

3. Desde la perspectiva de Dios, ¿qué hace la sangre de Jesús a nuestros pecados? Véase Hechos 3:19.

4. Léase Romanos 10:9 para descubrir la promesa más importante en la Biblia. Escríbala aquí:

5. De acuerdo con Romanos 8:37, somos más que _____ a través de Él quien nos amó.

6. Después que Jesús ascendió y regresó al cielo, hubo un debate por sus discípulos acerca de de si somos salvos por obedecer los requerimientos de la ley o por el aceptar la gracia de Jesucristo. Después de leer Gálatas 3:10–14, escriba sus pensamientos concernientes a este tema.

7. Léase Deuteronomio 30:19 y llene los espacios en blanco siguientes:

   Te he dado a elegir entre la _____ *y la* _____, *entre la bendición y la maldición. Elige, pues, la* _____, *para que vivan tú y tus descendientes.*

8. Cuando Jesús fue colgado en la cruz, ¿qué gritó en victoria? Léase Juan 19:30.

9. ¿Cuál es el mensaje de la cruz para aquellos que son salvos? Véase 1 Corintios 1:18.

10. De acuerdo con 1 Juan 4:4, ¿Cómo están los cristianos asegurados de la grandeza de Dios y su habilidad para ganar en nuestras vidas?

11. Léase Apocalipsis 12:10–11 y responda las siguientes preguntas:

    (a) ¿En qué se ha convertido nuestro acusador, el diablo?

    (b) ¿Cómo los creyentes vencemos al demonio y sus planes?

CAPÍTULO 2

EN EL GETSEMANÍ, JESÚS GANÓ NUESTRA FUERZA DE VOLUNTAD

*Como bien saben, ustedes fueron rescata-
dos de la vida absurda que heredaron
de sus antepasados. El precio de su rescate no se pagó con cosas perecederas, como
el oro o la plata, sino con la preciosa sangre de Cristo, como de un cordero
sin mancha y sin defecto.*
—1 Pedro 1:18–19

En el Padre Nuestro, Jesús nos enseñó cómo orar. Creo que podemos identificar siete lugares de poder en la Oración del Señor. Además, en el tabernáculo del Antiguo Testamento, donde habitaba la presencia de Dios, existían siete lugares de poder y unción. Ahora nosotros somos el nuevo tabernáculo de Dios. Nosotros hospedamos la presencia de Dios con un nuevo pacto—un pacto de sangre de siete redil.

En Levíticos 16, leemos que el pueblo llevo dos corderos al tabernáculo. Uno fue el expiatorio del pecado. El segundo cordero era para llevar la sangre del primero puesta en su cabeza y ser liberado al desierto.

Después tomará un poco de la sangre del novi-
llo y la rociará con su dedo al costado oriental
del propiciatorio; la rociará delante del pro-
piciatorio siete veces... Y con el dedo rocia-
rá con sangre el altar siete veces. Así lo san-
tificará y lo purificará de las impurezas.

(Levítico 16:14, 19)

En dos diferentes momentos, el sumo sacerdote podía esparcir la sangre con su dedo por siete veces. Cuando predico esto, con frecuencia preguntaré: "¿Cuántos saben que somos redimidos por la sangre?". Todos respondes que sí. Entonces preguntaré: "¿Sabe usted adonde fue derramada la sangre?". Y siempre todos dicen: "En la cruz". Eso es verdad; la sangre de Jesús fue derramada en la cruz, pero su sangre no fue derramada sólo una vez, sino siete veces en diferentes momentos. La fuente del poder de Dios para cada área de nuestras vidas está en la sangre derramada de Jesucristo. Jesús derramó su sangre en siete lugares que es posible que usted y yo lo hayamos hecho en general, perdonar nuestros pecados y liberarnos de la atadura del pecado y de la iniquidad que ha entrado en nuestras familias.

El poder de la sangre de Cristo fluye desde su obra completa en darnos su vida y levantarse de nuevo, pero podemos ver las etapas individuales para extraer ideas en lo que su sacrificio nos da.

El primer lugar donde Jesús derramó su sangre fue en el jardín de Getsemaní, la noche de la Ultima Cena con sus discípulos. No es una coincidencia que en el primer lugar donde Jesús nos rescató o derramó su sangre redentora fuera en el jardín, porque el primer en el primer lugar donde perdimos el poder de la bendición de Dios fue en otro jardín, el jardín del Edén.

La palabra *redención* significa que somos rescatados o traídos nuevamente al lugar original.[3] Ese lugar y la bendición original era todo lo que teníamos en el jardín del Edén.

He oído que la gente dice: "No tengo fuerza de voluntad. Quiero dejar de comer demasiado, fumar, perder mi mal humor (o lo que esté en sus vidas que está fuera de control), pero no tengo fuerza de voluntad". Perdimos nuestra fuerza de voluntad para hacer lo que es correcto, para hacer lo que es mejor para nosotros, para hacer lo que es saludable, y para hacer lo que nos traerá beneficio y bendición cuando Adán desobedeció a Dios en el jardín del Edén. Eva fue vencida por la serpiente, pero Adán deliberadamente desobedeció a Dios. Es decir, Eva fue vencida por Satanás, pero Adán hizo su elección de desobedecer a Dios.

Dios le había dicho a Adán y a Eva: "Todo en el jardín es de ustedes, excepto el Árbol del Conocimiento de lo bueno y lo malo" (véase Génesis 2:17). En esencia, Adán dijo: "Padre, no tu voluntad, sino la mía sea hecha", y en ese momento, Adán sacrificó la fuerza de voluntad del hombre en cada área. Con la desobediencia de Adán, le dimos nuestra voluntad al enemigo y perdimos nuestra habilidad de decir "sí" a todo lo bueno que Dios tiene para nosotros y "no" a todo lo malo que el enemigo quiere hacernos. La fuerza de voluntad que perdimos en el jardín del Edén fue ganada de nuevo en el jardín de Getsemaní cuando Jesús dijo: "No mi voluntad, sino que tu voluntad será hecha" (véase Mateo 26:39).

JESÚS HIZO LA ELECCIÓN— SABIÉNDOLO TODO

Jesús fue Dios y hombre. Siendo Dios, sabía lo que sus acusadores iban a hacerle. Sabía que le iban a romper la barba de su cara. Sabía que iban a llevar al poste de los azotes y golpearlo hasta que los órganos de su cuerpo fueran visibles en su espalda. Sabía que iban a desnudarlo, colgarlo desnudo, y escupirlo. Sabía que iban a ponerle ese madero en su espalda.

Sabía que iban a ponerle la corona de espinas y meterle esas espinas de tres pulgadas y media en su cráneo. Sabía que iban a meterle esos clavos y golpearlos en sus manos y en sus pies. Sabía que iban a agarrar esa lanza y meterla en su costado. Él era Dios, y sabía lo que estaba por sucederle.

Siendo hombre, sabía que Él iba a sentir el azote en su espalda. Sabía que podía sentir la barba siendo tirada de su cara. Sabía que sentiría los clavos siendo metidos en sus manos. Él no podía escapar del dolor y de la humillación. En el jardín de Getsemaní, Jesús supo lo le sucedería. Su espíritu estaba dispuesto a hacer lo que Dios quería que Él hiciera, pero su carne era débil y quería escapar de la agonía y la tortura que estaba a punto de enfrentar. Jesús enfrentó la misma lucha que Adán enfrentó—el seguir su voluntad o la voluntad del Padre.

Padre mío, si es posible, no me hagas beber este trago amargo. Pero no sea lo que yo quiero, sino lo que quieres tú.

(Mateo 26:39)

La Biblia dice que Jesús se levantó de orar, fue a hablarles a sus discípulos, volvió a su lugar de oración, y oró la misma oración por segunda y tercera vez (véase Marcos 26:40–44). Existía una lucha interna en Jesús—la voluntad del Padre contra la voluntad del hombre.

> *Entonces se le apareció un ángel del cielo para fortalecerlo. Pero, como estaba angustiado, se puso a orar con más fervor, y su sudor era como gotas de sangre que caían a tierra. Cuando terminó de orar y volvió a los discípulos, los encontró dormidos, agotados por la tristeza. "¿Por qué están durmiendo? —les exhortó—. Levántense y oren para que no caigan en tentación".*
>
> (Lucas 22:43–46)

Así es como Jesús derramó su sangre en el jardín. Los doctores confirman que en momentos de intenso temor o agonía, las venas de la sangre de una persona pueden literalmente romperse debajo de la piel y la sangre empezará a salir por los poros como sudor. De los poros de Jesús salieron sudor y sangre debido a la ansiedad, al temor, y la agitación que Él estaba experimentando. ¿Por qué es esto significativo? Debemos mantener en mente que hemos sido redimidos por medio de la sangre. El primer Adán entregó nuestra fuerza de voluntad a Satanás. El segundo Adán, Jesús, redimió nuestra fuerza de voluntad al decir: "Padre, no sea mi voluntad, sino la tuya", y sudando grandes gotas de sangre. Es aquí donde ganamos nuevamente nuestra fuerza de voluntad para vencer los problemas de droga, los problemas de alcohol, los problemas de ira, y los problemas de depresión.

Jesús sabía lo iba a sucederle. Su espíritu y su carne estaban luchando, pero Él ganó la victoria cuando Se sometió a la voluntad del Padre. Jesús ganó la batalla, rompió la maldición, nos redimió y nos devolvió nuestra fuerza de voluntad.

FUERZA DE VOLUNTAD RESTAURADA

Cuando el demonio viene contra nosotros para decir: "No puedes cambiar. No eres lo suficientemente fuerte", tenemos la fuerza de voluntad para levantarnos en victoria porque Jesús dijo: "No mi voluntad, sino la tuya". Debido a que Jesús derramo su sangre en el jardín de Getsemaní, usted puede decir "sí" a la voluntad de Dios para su vida y "no" al enemigo de su vida.

Antes que yo conociera al Señor, estaba desesperado por dejar las drogas. Agarraría esa aguja, lo introduciría en mi brazo y vomitaría. Entonces diría: "No lo haré más. Lo dejaré ahora y por siempre". Me iría al porche frontal de mi cabina en el bosque, donde vivía y tiraría esa aguja tan lejos como me fuera posible. Pero dentro de dos horas, estaría en el bosque, arrastrándome en mis manos y rodillas, buscando entre las hojas y ramas tratando de encontrar esa aguja para introducírmela de nuevo.

No podía dejarlo.

Solía estar lleno de odio, violencia y cólera, y diría: "No quiero explotar en esta ira nunca más. No quiero ser así nunca más". Traté de dejarlo. Quería hacerlo, pero no podía. No tenía fuerza de voluntad. Mi espíritu estaba dispuesto, pero mi carne era débil.

¿Cómo es que Jesús puede liberarnos cuando nosotros no podemos hacerlo por nuestra cuenta? Porque cuando Jesús sudó gotas de sangre en el jardín de Getsemaní, nuestra fuerza de voluntad fue redimida y devuelta. Lo que Adán perdió en el jardín del Edén, fue restaurando en el jardín de Getsemaní. Todo lo que tenemos que decir es, "Declaro la sangre de Jesús".

ENTREGA DE CONTROL

Pero Moisés le dijo a Dios: —¿Y quién soy yo para presentarme ante el faraón y sacar de Egipto a los israelitas? —Yo estaré contigo —le respondió Dios—. Y te voy a dar una señal de que soy yo quien te envía: Cuando hayas sacado de Egipto a mi pueblo, todos ustedes me rendirán culto en esta montaña. Pero Moisés insistió: —Supongamos que me presento ante los israelitas y les digo: "El Dios de sus antepasados me ha enviado a ustedes". ¿Qué les respondo si me preguntan: "¿Y cómo se llama?" —Yo soy el que soy —respondió Dios a Moisés—. Y esto es lo que tienes que decirles a los israelitas: "Yo soy me ha enviado a ustedes". Además, Dios le dijo a Moisés: —Diles esto a los israelitas. "El Señor y Dios de sus antepasados, el Dios de Abraham, de Isaac y de Jacob, me ha enviado a ustedes. Éste es mi nombre eterno; éste es mi nombre por todas las generaciones". (Éxodo 3:11–15)

"*Yo soy*" en estos versículos, es traducido de Yavé, y puede ser traducido como "Seré todo lo que necesitas que yo sea cuando necesites que yo lo sea".[4] Dios le dijo a Moisés: "Dile a mis hijos que Yo soy quien te envió. Seré su todo". Él es el mismo Yo soy para nosotros hoy, como lo fue para los hijos de Israel. Dios liberó a los israelitas de la esclavitud y del cautiverio, y Él quiere liberarlo a usted de cualquier atadura en que esté por medio del poder de la sangre de Jesucristo.

> *Jesús, que sabía todo lo que le iba a suceder, les salió al encuentro. —¿A quién buscan? —les preguntó. —A Jesús de Nazaret —contestaron. —Yo soy. Judas, el traidor, estaba con ellos. Cuando Jesús les dijo: "Yo soy", dieron un paso atrás y se desplomaron. —¿A quién buscan? —volvió a preguntarles Jesús. —A Jesús de Nazaret —repitieron. —Ya les dije que yo soy. Si es a mí a quien buscan, dejen que éstos se vayan.*
>
> (Juan 18:4–8)

En algunas versiones de la Biblia se cursiva la palabra "*él*" (del Yo soy) que quiere decir que lo ponemos allí. Cuando preguntaron por Jesús de Nazaret, Él realmente respondió: "Yo soy". Inmediatamente se arrodillaron por la unción de Dios. Jesús es hoy el "Yo soy" para nosotros. Él es la fuente para todo lo que necesitamos. Su usted necesita fuerza, Jesús es su fuerza. Si usted necesita sabiduría, Jesús es su sabiduría. Si usted está listo para entregarle su voluntad a Él, Él está ahí para darle el poder de hacerlo. Usted puede elegir el hacer la voluntad de Dios.

Hasta cuando le entregué a Dios el control de mis deseos y entregue mi voluntad a Él, yo estaba fuera de control. Aun como cristiano, estaba fuera de control hasta que le cedí el control total a Él y le permití dirigir mis deseos y cambiar mi voluntad. Tenía que resistir al demonio. Le dije: "*No* voy a permitir que esta cólera me controle. *No* voy a permitir que estas cosas me controlen. *No lo haré*". Debí permitir el control de mi voluntad al control de Dios. Oré: "Padre, te doy mi voluntad. Me someto al gran Yo soy". Cuando lo hice, Jesucristo reforzó mi voluntad para hacer la de Él.

Cada uno de nosotros tenemos que preparar nuestra propia mente y escoger la voluntad de Dios o la nuestra. Podemos decir la oración de Jesús por el poder de la sangre de Jesús: "Padre, no mi voluntad, sino sea hecha la tuya".

Conociendo quién es usted

El que escucha la palabra pero no la pone en práctica es como el que se mira el rostro en un espejo y, después de mirarse, se va y se olvida en seguida de cómo es. Pero quien se fija atentamente en la ley perfecta que da libertad, y persevera en ella, no olvidando lo que ha oído sino haciéndolo, recibirá bendición al practicarla.
(Santiago 1:23–25)

Este pasaje de las Escrituras dice que vamos al espejo (la Palabra de Dios) y ver que lo que la Biblia dice que somos, pero cuando nos alejamos, olvidamos lo que somos en Jesús. Escuché una vez a un hombre predicando acerca de esto, y su teoría era que la Palabra de Dios nos recuerda cuán pecadores y sin valor somos, pero tan pronto nos alejamos lo olvidamos. Ahora, eso puede ser una manera de verlo, pero creo que Dios nos está mostrando algo completamente diferente.

El demonio no quiere que experimentemos todo el poder y la bendición que es nuestra a través de Jesucristo, por lo que hace todo lo que puede para hacernos sentir como que nunca ganaremos o cumpliremos algo. La Palabra de Dios es como un espejo. Cuando lo miramos, no nos miramos a nosotros mismos de la manera que el diablo dice que somos sino de la manera que Dios dice que somos. Él no ve nuestros fracasos y pecados; Él ve la sangre de Jesús.

Cuando usted mira en el espejo de la Palabra de Dios, se mira de la manera en que su Padre celestial le ve. Él lo mira sanado, sin enfermedad. Él lo mira libre, sin ataduras. Él le ve lleno de gozo, no de tristeza. Él le ganador, no perdedor.

El Señor nos pregunta: "¿Cómo se declaran?". Nos miramos a nosotros mismos, olvidando lo que vimos en el espejo de la Palabra de Dios, y decimos: "Me declaro culpable. Soy drogadicto, soy una persona colérica, deprimida y mala". Pero el Señor nos habla al oído: "No te declares culpable; declara la sangre". ¡Cuando el Hijo nos hace libres, somos libres verdaderamente! Podemos decirles a cada drogadicto, a cada alcohólico, y a cada persona con un problema de que Dios nos ha redimido y nos ha regresado nuestra fuerza de voluntad.

El gobierno ha gastado millones de dólares tratando de ayudar en el programa "Sólo di 'no'". En vano drogadictos, alcohólicos y gente con depresión e ira dicen "no" cientos de veces a la semana. La mayoría de las personas no sólo pueden "decir no" por su propia fortaleza y fuerza de voluntad porque regresan y vuelven a hacerlo una y otra vez. Puede que no tengan fuerza de voluntad por sí mismos, pero en Jesucristo su fuerza de voluntad ha sido rescatada y redimida por medio de la sangre del Cordero.

Recientemente recibimos este testimonio de un hombre quien ha dado su vida al Señor pero todavía sigue atado por los hábitos incontrolados hasta que clamó la sangre de Jesús para su vida.

Hola Pastor Huch:

Quiero escribirle acerca de los milagros y libertad que han tomado parte en mi vida después de escuchar sus cintas con la serie "Rompiendo las maldiciones familiares". Recientemente conocí a Jesucristo como mi Salvador y Redentor. Cuando el Espíritu Santo entró en mí, vi mis pecados y la vergüenza de lo que había hecho. Estaba tan avergonzado que lloré. Hasta que encontré a Jesús, estaba seguro de mi camino hacia el infierno.

Mi padre fue predicador quien dejó su llamado para convertirse en un estilista. Estuvo en alcohol y en drogas todo el tiempo y tuvo tantas relaciones sexuales tanto con mujeres como con hombres. Se iba de la casa por varios meses y luego quería regresar. Cuando niño yo decía: "nunca seré como mi padre, nunca beberé, nunca engañaré a mi esposa, y nunca abandonaré a mi esposa o hijo. Nunca golpearé a nadie y nunca mentiré". Mi padre fue un verdadero pecador, y en la atadura en que estaba fue pasada en sus cinco hijos.

Me casé con el amor de mi vida, tuvimos un hijo, y me convertí en segundo mariscal. Había cumplido mi sueño de la niñez en convertirme en un oficial de la ley. Me prometí que sería diferente que mi padre.

Cuando cumplí mi año de prueba, mis amigos me llevaron a un bar a celebrar. Tan pronto como tome mi primer trago, algo sucedió— ¡el licor me atrapó! Empecé a tomar con los amigos todos los días después de mi turno. Me alejé de casa y empecé a tener relaciones con otra mujer. Me convertí como mi padre.

Mi esposa, Julie, había sido diagnosticada con cáncer de mamas. Pasó por cirugía, radiación y quimioterapia para tratar de detener la enfermedad. Julie fue un ángel y amaba a Dios. A pesar de su horrible cáncer, ella nunca se quejó o se alejó de Dios. Un día antes que ella muriera, nos sentamos juntos en la sala. Ella no podía levantar su cabeza pero se mantuvo viendo levantando la mirada en las esquinas del cuarto. Le pregunté qué estaba viendo y ella respondió: "Estos ángeles están lleván- dome con Jesús esta noche". Cuando murió, más tarde de esa noche, había salido con otra mujer.

Mi vida continuó esta horrible caída. Todo lo que mi padre fue, yo era, pero peor. En 1998 el Espíritu Santo de Dios golpeó a la puerta de mi co- razón y Jesús se hizo a Sí mismo real para mí. Fui bautizado en agua, pagué mis diezmos sin fallar, y leí la Palabra de Dios. Sin embargo, yo todavía estaba con ataduras.

Algunos amigos me dijeron que querían que yo escuchara su sermón sobre romper la maldición. El Espíritu Santo de Dios vino a mí y escuché, y empecé a comprender acerca de la sangre de Jesús rompiendo los yugos de ataduras de los pecados de mi padre y mis pecados. Había sido redimido, pero no era libre. Clamé la sangre de Jesús por mi libertad igual que Dios se lo reveló a usted. ¡Dios rompió la maldición generacional que había controlado mi vida!

Soy libre verdaderamente. Mi hijo es libre. El Espíritu Santo de Dios se está moviendo en mi hermana, y mis hermanos están llamando a Jesús y pidiéndole que les libere. Mi padre está buscando de Dios, y estamos luchando en oración por él todos los días.

Todo lo que yo era está muerto; todo lo que hice está muerto. Ya no sólo estoy viviendo, sino que estoy viviendo por Dios. Jesús es mi Rey. El Espíritu Santo es mi consolador y mi guía. Su mensaje reveló la verdadera Palabra de Dios. Retomé mi libertad por medio de la sangre de Jesús, quien pagó el precio y me libertó en el Calvario.

Pastor, le agradezco por enseñar la Palabra de Dios y la obediencia a Dios nuestra Padre.

Respetuosamente, su hermano en Cristo,

John

Si usted quiere dejar el alcohol, las drogas o su cólera violenta y no ha podido ser capaz en el pasado, sepa que usted puede hacerlo ahora. La sangre de Jesús ha comprado de regreso su fuerza de poder y esa maldición sobre usted es rota en el nombre de Jesús. Usted puede dejar de beber. Puede dejar de fumar. Puede dejar de hacer aquellas cosas que sabe que a Dios no le gusta que haga. Jesús ha roto la maldición del pasado que lo aleja de ser libre.

Cuando usted *elige* romper las maldiciones sobre su vida, el poder de la sangre de Jesús lo fortalecerá, y ya no estará atado nunca más. Usted será libre para hacer la buena obra de Dios.

Luego oí en el cielo un gran clamor: "Han llegado ya la salvación y el poder y el reino de nuestro Dios; ha llegado ya la autoridad de su Cristo. Porque ha sido expulsado el acusador de nuestros hermanos, el que los acusaba día y noche delante de nuestro Dios. Ellos lo han vencido por medio de la sangre del Cordero y por el mensaje del cual dieron testimonio".

(Apocalipsis 12:10–11)

Preguntas para la discusión

1. (a) ¿Cuál fue el primer lugar donde Jesús derramó su sangre? Léase Lucas 22:44.

   (b) Esto no es coincidencia. ¿Qué le dijo Dios a Adán y Eva en Génesis 3:17?

2. La fuerza de voluntad que perdimos en el jardín del Edén fue ganada nuevamente en el jardín de Getsemaní cuando Jesús dijo: "_____ _____". Véase la última parte de Mateo 26:39.

3. La Biblia dice que Jesús hizo la misma oración tres veces en el jardín. ¿Cuál fue la lucha interna por la que pasaba Jesús? Véase Lucas 22:43–46.

4. En Éxodo 3:11–15, Moisés cuestionó a Dios acerca de haber sido escogido como el hombre que guiaría a los israelitas fuera del cautiverio en Egipto. En el versículo 13, ¿qué le preguntó Moisés a Dios?

   (a) En el versículo 14, ¿cómo se hace llamar Dios a sí mismo?

(b) ¿Por qué cree que Dios se llamó a sí mismo con ese nombre?

5. Léase Juan 18:4–8 y llene los espacios en blanco.

Jesús, que sabía todo lo que le iba a suceder, les salió al encuentro. —¿A quién buscan? —les preguntó. —A Jesús de Nazaret —contestaron. _____ _____. Judas, el traidor, estaba con ellos. Cuando Jesús les dijo: _____ _____ dieron un paso atrás y se desplomaron. —¿A quién buscan? —volvió a preguntarles Jesús. —A Jesús de Nazaret —repitieron. —Ya les dije que _____ _____. Si es a mí a quien buscan, dejen que éstos se vayan.

6. ¿Qué dice Santiago 1:23–25 que algunas veces hacemos después de vernos al espejo (la Palabra de Dios) y ver quiénes somos realmente?

Capítulo 3

Las llagas en la espalda de Jesús nos devolvieron la salud

*Él fue traspasado por nuestras rebeliones,
y molido por nuestras iniquidades; sobre él
recayó el castigo, precio de nuestra paz, y
gracias a sus heridas fuimos sanados.*
—Isaías 53:5

El segundo lugar donde Jesús derramó su sangre fue en el poste de flagelación. Se ha creído que Jesús fue azotado o flagelado, treinta y nueve veces (véase Mateo 27:26). Bajo el castigo judío, a un prisionero se le podía haber dado cuarenta latigazos; sin embargo, generalmente recibían sólo treinta y nueve porque cuarenta, frecuentemente era fatal (véase Deuteronomio 25:3).

Escuché a un doctor misionero predicar que los treinta y nueve latigazos representan todas las enfermedades conocidas en toda la humanidad. Necesitamos recordar que este es el plan de redención de Dios. No es un accidente o coincidencia, sino su plan divino. Cada vez que dejaban caer un latigazo en la espalda de Jesús—partiendo su piel y rompiendo sus músculos y tejidos—la sanidad fue dada para cada enfermedad. El SIDA, el cáncer, la diabetes, la distrofia muscular, y, todas las enfermedades sobre esta tierra han sido derrotadas y vencidas por medio de la sangre de Jesucristo. Esto muestra la buena disposición de Dios para sanarnos a todos.

Algunas personas dicen: "Dios no sana a nadie". Pero la Biblia nos dice: *"Jesucristo es el mismo ayer y hoy y por los siglos"* (Hebreos 13:8). Él hizo un pacto de sangre, Él no cambia y el pacto de sangre incluye sanidad. La salvación no sólo significa ser *perdonado*; también significa ser *sanado*. La salvación significa ser hecho integral en cada manera.

Otros dicen: "Sabemos que Dios puede sanar, pero ¿*desea* Dios sanar?". ¡Tenga presente que Jesús voluntariamente se entregó a sí mismo para ser azotado! Y muchos le hicieron a Jesús la misma pregunta mientras anduvo en la tierra:

> *Un hombre que tenía lepra se le acercó, y de rodillas le suplicó: —Si quieres, puedes limpiarme. Movido a compasión, Jesús extendió la mano y tocó al hombre, diciéndole: —Sí quiero. ¡Queda limpio!*
>
> (Marcos 1:40–41)

Este hombre sabía que Jesús podía sanarlo, pero se preguntó si Él quería sanarlo. Una de las peores oraciones que podemos hacer es "Si esa es tu voluntad, por favor sáname". ¡La Biblia nos dice cuál es la voluntad de Dios! Si Jesús sufrió los azotes por nuestra sanidad, por supuesto que es la voluntad de Él que seamos sanados. Cuando oramos: "Si esa es tu voluntad", estamos diciendo que no estamos seguros que sea la voluntad de Dios que seamos sanados. Pero la Biblia nos dice que pidamos con fe de roca sólida:

> *Pero que pida con fe, sin dudar, porque quien duda es como las olas del mar, agitadas y llevadas de un lado a otro por el viento. Quien es así no piense que va a recibir cosa alguna del Señor.* (Santiago 1:6–7)

Para llegar a Dios con valentía y seguridad por sanidad, es lo opuesto decir: "Si esa es tu voluntad". Si cuestionamos la voluntad de Dios para nosotros cuando Le solicitamos algo, estamos dudando, no podemos pedir en fe, y Él no puede sanarnos. Por consiguiente, debemos establecer la pregunta: "¿Puede Dios sanar?". ¡Sí! ¡Definitivamente! No sólo puede Dios hacerlo todo, sino que nuestra sanidad es tan importante para Él que hizo un pacto con nosotros en la sangre de su Hijo. El precio para su sanidad fue pagado hace más de dos mil años. Todo lo que usted debe hacer es extender el brazo, tocar a Jesús y recibir su milagro.

He predicado muchas veces en Filipinas y se corre la voz cuando nos damos cuenta que los hombre de Dios están en la ciudad. Nos levantamos en la mañana y, el enfermo, el ciego y el lisiado habían estado en fila toda la calle. Somos sólo seres humanos normales. No tenemos el poder de sanarnos a nosotros mismos, pero la gente viene porque escucharon la Palabra de Dios y creyeron cuando oyeron: *"Por sus heridas fuimos sanados"* (Isaías 53:5). Caminamos a lo largo de la fila de gente enferma, los tocamos, imponemos manos y oramos por ellos en el nombre de Jesús y por el poder de su sangre. Luego podemos verlos levantarse y caminar. Dios todavía sana, salva y liberta. Vencemos al demonio y sus debilidades por medio de la sangre de Jesús.

Con frecuencia se me pregunta: "Pastor, ¿por qué vemos más milagros en el extranjero que en los Estados Unidos de América o Europa?". Alguien dijo una vez que, esto se debe a que ellos tienen mayores necesidades. Tiendo a discrepar. Si alguien está ciego, cojo o inhabilitado, no importa si estamos en Carolina del Sur o en África del Sur: Necesitamos un milagro. Jesús nos enseñó a acercarnos a Él como un niño pequeño para ver el reino de Dios —no justo después que morimos— sino que ahora. Recuerde, Jesús nos dijo que oremos para que su reino pudiera venir y su voluntad fuera hecha en la tierra al igual que lo es en el cielo ahora.

El apóstol Pablo declaró en Romanos 14:17 que el reino de Dios es justicia, paz y gozo en el Espíritu Santo. El apóstol Juan declaró en 3 Juan 2 que deseaba que prosperáramos y estar en salud por sobre todas las demás cosas. Cuando vayamos al cielo, no necesitaremos ningún milagro. ¡Los necesitamos ahora! Debemos confiar en Dios y creer por nuestra sanidad ahora que lo necesitamos. Otras personas en la tierra puede que nos fallen, incluso que nos abandones, pero nuestro Padre celestial nunca lo hará. Cuando abordo un avión, debo tener fe y confianza en el piloto, el equipo y cualquiera que esté involucrado en ese vuelo. ¿Cuánto más podemos confiar en aquel que es dueño del cielo, la tierra y el mar? No debemos dudar o titubear, sino confiar en Dios y en su Palabra como niños y creer en el poder de la sangre de Jesús.

Recibimos esta carta de una mujer que todavía vive por la sanidad por medio de las llagas de Jesucristo. Los médicos no le daban oportunidad de vivir después de haber sido diagnosticada con una enfermedad terminal. Oramos por liberar la maldición de debilidad que había estado en su familia, y milagrosamente fue sanada.

> *Pastor Larry y Tiz,*
>
> *Fui al médico el 18 de enero, y él dijo que estaba muriéndome de la enfermedad Lou Gehrig (ELA). Le escribí una carta para que orara por mí. Regresé donde el médico el 26 de febrero y me dijo que la enfermedad había desaparecido. ¡Ahora estoy sanada!*
>
> *Dios ha hecho este grandioso milagro para mí. Agradezco a Él y le alabo ahora, hoy, mañana, por siempre, hasta que regrese. Él es mi Padre. ¡Gracias, Jesús!*
>
> *Dios le bendiga,*
>
> *Sara*

Un espíritu de enfermedad

Nuestra salvación empieza con el perdón de nuestros pecados, pero no frena ahí. Sigue hacia la sanidad, el rescate y la liberación.

> *Un sábado Jesús estaba enseñando en una de las sinagogas, y estaba allí una mujer que por causa de un demonio llevaba dieciocho años enferma. Andaba encorvada y de ningún modo podía enderezarse. Cuando*

Jesús la vio, la llamó y le dijo: —Mujer, que-
das libre de tu enfermedad.

(Lucas 13:10–12)

Aquí está una mujer que, por dieciocho años, andaba toda torcida con una enfermedad de invalidez. Jesús la miró y dijo: "Esta mujer tiene un espíritu de enfermedad en ella".

Todas las enfermedades, no importa de dónde vengan—de nacimiento, heredada, provocada—vienen del demonio. Algunas personas me han dicho que creen que Dios le da cáncer a alguien para probar su amor por Él. ¿De qué habla? ¡Ese no es mi Dios! Ciertamente que Dios puede usar las circunstancias de su enfermedad para cumplir sus propósitos, pero Él no le hace enfermar.

Leemos en Lucas 12:32 que Jesús dijo: *"Porque es la buena voluntad del Padre darles el reino".* Es el demonio quien roba, mata y destruye. Dios se complace en bendecir a aquellos que creen en Él, no enviándoles enfermedades en sus vidas. No existía enfermedad o lesión en el jardín del Edén. Cuando Adán pecó, Satanás entró en el jardín, entró la maldición y esa maldición es un espíritu malo.

La enfermedad es un espíritu que es el resultado de la maldición, pero cualquiera que haya nacido de nuevo es redimido de la maldición. El precio por su sanidad ha sido pagado. Si usted está enfermo, lesionado o padeciendo, Satanás está entrando ilegalmente a la propiedad pagada [y privada]. No necesitamos decir: "Necesito más fe para obtener mi milagro". Sino que podemos decir: "Por medio de la sangre de Jesucristo he recibido mi milagro. Y Satanás, te saco de mi vida. ¡Fuera de mi vida! Déjame en el nombre de Jesús".

Hace algunos años, estuve en una conferencia bíblica y la gente que quería oración estaba esperando en línea. Oramos por cada persona de la fila, "En el nombre de Jesús, sea sanada". Cuando terminé de orar, regresé donde un hombre por el cual ya había orado y le pregunté: "¿Qué le pasa?". Me dijo que la cavidad de su cadera se estaba disolviendo. Había ido donde el médico temprano ese día para hacerse rayos X y pruebas. Sin pensar o ni siquiera entender completamente lo que yo estaba diciendo, le dije: "Ese es espíritu de cáncer. Ese es un demonio de cáncer". Y oramos por su liberación.

Un par de semanas después estuve en México con el pastor de este hombre haciendo una cruzada de milagros. El pastor me dijo que después de haber orado por el hombre, regresó por los resultados de sus pruebas de cadera. El pastor me mostró una copia de los rayos X que le tomaron a la cadera de este hombre. Tan limpio y claro como una fotografía, vimos una cara completa de una criatura con aspecto demoníaca donde el hueso de la cadera del hombre se suponía que estaba. Obviamente, sobresaltado, el hombre les había preguntado a los médicos sobre esto. Ellos le dijeron que ¡no era totalmente raro ver algo como eso! Sin embargo, al final, el demonio perdió. El hombre fue completamente sanado y su cadera fue restaurada, ¡Alabado sea Dios!

Cuando estuvimos en Australia, había una mujer de Samoa en nuestra iglesia en Melbourne quien tenía un tumor en su cabeza del tamaño de dos bolas de golf. Los médicos me llevaron a su oficina para conversar porque yo era su pastor. Entonces me fui y platiqué con ella. Le pregunté al médico: "¿De dónde viene el cáncer?".

El dijo: "Bueno, algunos dirán una cosa y otros, otra cosa. Algunos dicen que tiene que ver con las células rojas y otros dirán que tiene que ver con las células blancas de la sangre. Para ser honesto con usted, si supiéramos, lo pudiéramos arreglar".

Yo le respondí: "Doctor, ¿sabe usted lo qué creo? Creo que es un espíritu demoníaco".

Se miraron uno al otro, y su doctor me miró y me dijo: "No lo dudaría". Ese cáncer no fue sólo una enfermedad; estaba vivo.

Uno de los milagros más grandes que hayamos visto jamás fue cuando oramos por esta mujer y Dios la sanó completamente. Los tumores desaparecieron, los síntomas desaparecieron y los doctores y enfermeras estaban asombrados. En vez de enviarla a morir a su casa, ¡la enviaron a su casa para vivir!

Cuando Jesús miró a la mujer que estaba torcida, dijo: "Tu espíritu...". Jesús habló directamente al espíritu. Cuando yo oro para sanar de cáncer, no digo: "Tu enfermedad, sea sanada". Hablo directamente al demonio y le digo: "Fuera de él ahora mismo en el nombre de Jesús". Vemos gente sanada de cáncer todo el tiempo.

—Maestro —respondió un hombre de entre la multitud—, te he traído a mi hijo, pues está poseído por un espíritu que le ha quitado el habla. Cada vez que se apodera de él, lo derriba. Echa espumarajos, cruje los

dientes y se queda rígido. Les pedí a tus discípulos que expulsaran al espíritu, pero no lo lograron. —¡Ah, generación incrédula! —Respondió Jesús—. ¿Hasta cuándo tendré que estar con ustedes? ¿Hasta cuándo tendré que soportarlos? Tráiganme al muchacho. Así que se lo llevaron. Tan pronto como vio a Jesús, el espíritu sacudió de tal modo al muchacho que éste cayó al suelo y comenzó a revolcarse echando espumarajos. —¿Cuánto tiempo hace que le pasa esto? —le preguntó Jesús al padre. —Desde que era niño —contestó—. Muchas veces lo ha echado al fuego y al agua para matarlo. Si puedes hacer algo, ten compasión de nosotros y ayúdanos. —¿Cómo que si puedo? Para el que cree, todo es posible. —¡Sí creo! —exclamó de inmediato el padre del muchacho—. ¡Ayúdame en mi poca fe! Al ver Jesús que se agolpaba mucha gente, reprendió al espíritu maligno. —Espíritu sordo y mudo —dijo—, te mando que salgas y que jamás vuelvas a entrar en él. El espíritu, dando alarido y sacudiendo violentamente al muchacho, salió de él. Éste quedó como muerto, tanto que muchos decían: "Ya se murió". Pero Jesús lo tomó de la mano y lo levantó, y el muchacho se puso de pie.

(Marcos 9:17–27)

Jesús no ofreció una oración elocuente para el niño. Él habló directamente al demonio. Jesús le habló al espíritu por su nombre y le ordenó dejar al muchacho.

En Marcos 5:25–34 encontramos la historia acerca de cierta mujer que tenía un problema de sangre por doce años. *"Y había sufrido mucho a manos de muchos médicos, y había gastado todo lo que tenía sin provecho alguno, sino que al contrario, había empeorado"* (Marcos 5:26, LBLA). Esta mujer había visto a cada doctor disponible y había gastado todo su dinero en cuidados médicos, pero estaba peor que cuando empezó esta enfermedad. Cuando oyó que Jesús llegaría al pueblo pensó: *"Si tan sólo toco sus ropas, sanaré"* (Marcos 5:28, LBLA). Y cuando tocó el borde de su túnica, inmediatamente se detuvo el sangrado y fue sanada.

Inmediatamente Jesús se dio cuenta que ese poder había salido de Él. Miró a su derredor le preguntó a sus discípulos: *"¿Quién ha tocado mi ropa?"* (Marcos 5:31, LBLA). Ahora, había una gran multitud que estaba toda junta y gente alrededor de Él que le había tocado. Pero, Jesús sabía que una persona en particular le había tocado en fe, provocando que el poder y la unción fuera liberada. Temerosamente, la mujer cayó a los pies de Jesús y admitió que había sido ella quien le había tocado capa.

> *Jesús le dijo: Hija, tu fe te ha sanado; vete en paz y queda sana de tu aflicción.*
>
> (Marcos 5:34, LBLA)

Recuerde que esa enfermedad le había robado a ella la salud toda su existencia. Cuando tocó a Jesús, ella fue transformada totalmente, creo que no sólo fue sanada físicamente, pero por medio de su fe, Dios le restauró todo lo que financieramente esa enfermedad le había hecho gastar. ¿Es la voluntad de Dios que usted sea sanado? Sí, porque por sus llagas somos sanados (véase Isaías 53:5). La palabra *látigo* significa "el soplo que corta".5 El sufrimiento por enfermedad y padecimiento ya ha sido pagado por medio de la sangre derramada de Jesucristo.

DIOS TODAVÍA SANA HOY

No se desanime si alguien que usted conoce todavía no es sanado. Esté motivado. Hay gente en mi familia que necesita ser sanada. No estoy condenado o desanimado por eso; estoy motivado porque sé que Dios todavía trabaja. Él no ha terminado.

No hace mucho tiempo en el servicio por primera vez en nuestra iglesia, la presencia de Dios fue absolutamente maravillosa. Mientras alabábamos al Señor, empecé a llorar por la presencia de Dios. Sabía que Dios estaba haciendo algo muy, muy especial. En nuestro segundo servicio ni siquiera prediqué. En vez de eso, empecé a llamar a la gente por medio de palabra de sabiduría y conocimiento. En un caso, el Señor me mostró que había una mujer que tenía una inflamación en su seno y que ella no debía preocuparse. Él ya la había sanado.

Hace un par de días después, recibimos una llamada telefónica de una mujer que vivía en California. Mientras ella miraba nuestro programa por televisión, Dios le dijo a ella que viniera a la iglesia ese sábado y que recibiría el milagro que había estado pidiendo. El lunes debía haberse operado el seno debido al cáncer. Ella nos dijo que antes que la operaran necesitaban hacerle un examen más de rayos X. Cuando lo hicieron, ¡no encontraron nada! Le tomaron los rayos X por dos veces y dijeron: "Levántese y vístase. No existe razón para operar". ¡Gloria a Dios, el Gran Médico obró de nuevo!

Un par de días después de eso, una señora en nuestra iglesia quien también tenía una inflamación en su seno, nos dijo que cuando yo les dije que Dios estaba sanando ese problema, la inflamación en el seno se disolvió completamente. ¡Dios todavía es un Dios de hacedor de milagros!

Después del jardín de Getsemaní donde Jesús derramó su sangre, Él fue llevado al poste de flagelación. Cuando ellos ataron a Jesús en el poste, lo azotaron treinta y nueve veces con un látigo cargado de varias fajas de cuero, cada una con piezas filosas de metal o huesos que recibían su peso en las puntas del plomo. Con cada golpe del látigo, la carne se abría y la sangre salía de la espalda de nuestro Salvador. Cada una de las veces que el diablo azotaba con el látigo en la espalda de Jesús, la sangre se derramó y nosotros vencimos una enfermedad, dos enfermedades, tres enfermedades, hasta el punto que cada una de las enfermedades contraídas por la humanidad fue vencida por la sangre de Jesús. Usted ya no necesita vivir bajo la maldición de la enfermedad y padecimiento. ¡Usted ha sido liberado por medio de la preciosa sangre de Jesús!

PREGUNTAS PARA LA DISCUSIÓN

1. Algunas personas dice que Dios ya no sana y que Él sólo sanó a la gente durante los tiempos bíblicos. Pero ¿qué dice la Biblia acerca de Jesucristo en Hebreos 13:8?

2. Otras creen que Dios puede sanar pero dudan de su deseo de sanar. Muchas personas le preguntaron a Jesús acerca de su voluntad para sanar. ¿Qué respondió Él al hombre con lepra en Marcos 1:40–41 (LBLA)?

3. ¿Qué dice la Biblia que debemos pedir en Santiago 1:6–7 (RVR)?

4. (a) ¿Qué dice Isaías 53:5 acerca de nuestra sanidad?

   (b) ¿Qué declara el apóstol Juan en 3 Juan 2 acerca de la sanidad?

5. Léase Lucas 13:10–12 y responda las siguientes preguntas:
   (a) ¿Qué tipo de espíritu tenía la mujer dentro de ella?

(b) ¿Qué le dijo Jesús a la mujer?

6. Otra sanidad dramática tuvo lugar en Marcos 9:17–27.

(a) ¿Qué tipo de espíritu estaba dentro del muchacho?

(b) ¿Pudieron los discípulos de Jesús sacar el espíritu del muchacho?

(c) ¿Qué dijo Jesús, en el versículo 23, acerca de la importancia de creer?

7. Léase Marcos 5:25–34.

(a) ¿Qué dicen los versículos 27–28 acerca de lo que hizo la mujer con problema de sangre cuando Jesús llegó al pueblo?

(b) ¿Qué le sucedió a ella?

Capítulo 4

La corona de espinas de Jesús nos devolvió nuestra prosperidad

Somos redimidos por la preciosas sangre de Jesús. Por medio de su sangre, se nos ha regresado al estado en que Adán y Eva disfrutaron en el jardín del Edén. Ellos vivieron en la bendición y la presencia de Dios. No existía enfermedad o pobreza. Cuando Adán era obediente a Dios, tenía todo lo que necesitó. Adán y Eva vivieron literalmente en la tierra que fluía leche y miel. Pero cuando Adán desobedeció a Dios, Dios echó la maldición que cayó sobre la tierra por medio del pecado de Adán.

> *Al hombre le dijo: Por cuanto le hiciste caso a tu mujer, y comiste del árbol del que te prohibí comer, ¡maldita será la tierra por tu culpa! Con penosos trabajos comerás de ella todos los días de tu vida. La tierra te producirá cardos y espinas, y comerás hierbas silvestres. Te ganarás el pan con el sudor de tu frente, hasta que vuelvas a la misma tierra de la cual fuiste sacado. Porque polvo eres, y al polvo volverás.*
> (Génesis 3:17–19)

Dios maldijo la tierra con espinas y zarzas. Si no comprendemos que hemos sido redimidos de la maldición por medio de la sangre de Jesús, entonces la tierra en donde trabajamos, la tierra en donde construimos nuestros negocios y la tierra en donde vivimos está todavía bajo la maldición. Cuando Adán pecó, ya no podía vivir en la abundancia y esplendor de Dios. La tierra fue maldecida y por el sudor de su frente, el hombre podía a duras penas ganarse la existencia. Desde ese día, la humanidad ha sudado por todo lo que ha obtenido. Pero en el tercer lugar donde Jesús derramó su sangre rompió la maldición de la pobreza.

Miles de años después que Adán pecara, Jesucristo, el segundo Adán, fue llevado ante las autoridades religiosas y políticas para enfrentar un juicio como impostor y hereje. Camino hacia Pilato, mientras se burlaban de Jesús: "Salve, Rey de los judíos", vieron un arbusto de espinas—el símbolo de la maldición de la pobreza en la tierra. Agarraron algunas ramas con espinas, las tejieron en corona y la colocaron en la frente de Jesús hasta que la sangre salió de su cabeza (véase Mateo 27:29).

El símbolo de la pobreza fue colocado en la frente de Jesús, el segundo Adán. Cuando esas espinas perforaron su frente, Él derramó su sangre para nuestra redención de la pobreza. Fuimos maldecidos con la pobreza por medio del sudor de la frente de Adán, pero somos redimidos de la maldición de la pobreza por la sangre de la frente de Jesús.

Lo que Satanás hace para mal, Dios lo usa para bien (véase Génesis 50:20). Los soldados tomaron esa corona de espinas y la colocaron en la cabeza de Jesús. En vez de sudor, brotó la sangre de Jesús. Ahora, por el poder de la sangre de Jesús, no sólo es rota la maldición, sino también aquellos que toman el nombre de Jesús y claman su sangre son ungidos para prosperar.

> *Ya conocen la gracia de nuestro Señor Jesucristo, que aunque era rico, por causa de ustedes se hizo pobre, para que mediante su pobreza ustedes llegaran a ser ricos.*
>
> (2 Corintios 8:9)

Jesús nunca fue pobre. Cuando la Biblia dice que Jesús se volvió pobre quiere decir que, Él fue pobre en comparación con lo que tenía en su hogar celestial. En el cielo las calles son hechas de oro puro, los muros y las puertas son hechas de gemas preciosas y no hay ningún trazo de pobreza en todo el cuerpo de Dios. Cuando alguien lee que Jesús se volvió pobre, Él fue pobre en relación a la manera en que vivía en el cielo. Si usted tomara todo el dinero del mundo y se lo diera a un hombre, ese hombre sería pobre en comparación con lo que Jesús tenía en el cielo antes que se convirtiera en ser humano en la tierra. Aún en la tierra, Jesús pudo haber rechazado las cosas materiales mientras predicó, pues hubiera llamado a los ángeles para que bajaran en cualquier momento y proveerle sus necesidades.

Un hombre me dijo una vez: "Jesús fue pobre y quiero ser igual que Jesús". Le pregunté por qué pensaba que Jesús fue pobre. Él respondió que Jesús fue pobre porque nació en un pesebre y que esto era para mostrarnos que no necesitamos de la comodidad terrenal. Si, Jesús nació en un pesebre, pero no para enseñarnos la pobreza. Él estaba mostrándonos que no hicimos un espacio para que el Salvador naciera en nuestras vidas.

Antes que María y José fueran al granero, primero fueron al mesón a buscar una habitación. Dudo que María fuera a cargar la cuenta de la habitación en una de sus tarjetas de crédito o que intentara salir a hurtadillas por la mañana sin pagar la cuenta. María y José tenían dinero suficiente para una habitación en la posada. El problema fue que no había lugar para el Salvador.

Sin embargo, tenemos la enseñanza religiosa y tradicional de que Jesús fue pobre, por lo que los cristianos deben ser pobres. Los programas cristianos usualmente muestras a tres hombres sabios alrededor del pesebre con sus pequeños regalos: cajas pequeñas de incienso, mirra y oro. Un amigo mío investigó a los tres hombres sabios y sus obsequios. Descubrió que el oro no era único obsequio caro que le ofrecieron a Cristo. El incienso y la mirra también son sustancias caras. Además, de acuerdo con Mateo 2:1, ellos pudieron haber sido muchos hombres sabios. Estos obsequios pudieron haberle asegurado que Jesús y su familia vivieron con comodidad.

Cuando yo enseño esto, siempre le pregunto a la gente: "¿Cuántos saben que la Palabra de Dios es la cosa más poderoso en la tierra?". Todos siempre gritan: "¡Amén!" Pero luego los sorprendo diciéndoles, "Pero no lo es. La Biblia dice que las tradiciones del hombre religioso hacen que la Palabra de Dios no sea efectiva" (véase Marcos 7:13). Así es que, para evitar que la Palabra de Dios sea inefectiva e impotente en nuestras vidas, debemos tener cuidado de no caer en pensamientos y tradiciones religiosas—que es uno de los engaños del demonio.

Pablo nos enseñó a ser cuidadosos de los engaños del demonio, lo que quiere decir que, debemos comprender sus estrategias, las maneras que intenta para embaucarnos. Uno de los grandes engaños es usado para mantenernos pobres. Si él puede hacernos creer que Jesús vivió en pobreza y que, para que seamos como Jesús, debemos vivir en pobreza, entonces él nos ha atrapado, y, la Palabra de Dios— *"Yo he venido para que tengan vida, y la tengan en abundancia"* (Juan 10:10)—se vuelve inefectiva en nuestras vidas. La estrategia del demonio es hacernos hablar de las tradiciones de los hombres para que seamos pobres y cerremos nuestras bocas a la Palabra de Dios que en Jesucristo somos ricos.

Existen un par de ocasiones en la Biblia cuando Jesús tocó a alguien y dijo: "Ahora no le digas a nadie". ¿Y qué es lo que hicieron? Inmediatamente corrieron y les dijeron a todos. Yo tengo que creer que Jesús se reiría de sí mismo. Él sabía que ellos no podían callarse. Son como mi hermano Norm cuando fue salvo—quiero decir, realmente salvado—hace un par de meses atrás. Ahora de todo lo que quiere hablar es de Jesús. Les dice a todos lo que Jesús hizo por él y ha empezado un estudio de la Biblia en su casa. Norm no se metió a una religión; entabló una relación con el Hijo de Dios. Norm es como esta gente en la Biblia. Cuando Jesús les tocó, no podían parar de hablar de Él. ¡El demonio sabe esto también! Sabe que le vamos a decir a tantos como nos sea posible que no importe por lo que estemos pasando, no importa lo que necesitemos, Jesús suplirá esa necesidad. Entonces, la estrategia del diablo es hacernos creer la mentira de que estamos supuestos a ser pobres. Entonces, no permitimos que las Buenas Nuevas salgan.

Solía creer en la doctrina de la pobreza. Yo lo creía, la predicaba, y créame, ¡funcionaba! Pero un día Tiz y yo nos reunimos con John Avanzini, un hombre de Dios que cambió nuestras vidas. Dios estaba moviéndonos en prosperidad, pero nuestras tradiciones estaban batallando con la Palabra de Dios. Finalmente le dije a John: "Realmente quiero saber la verdad. Así que, si digo algo equivocado, sólo dímelo y muéstramelo con la Palabra". Entonces le empecé a decir el por qué yo pensaba que era malo que nosotros prosperáramos y tener lindas cosas. Inmediatamente John dijo: "Larry, estás equivocado".

"¿Por qué?", le pregunté.

"Tú piensas que en vez de que los cristianos tenga una linda casa, un bonito carro, o una iglesia linda, este dinero debe ser usado para ganar el mundo para Jesús".

"Si," le respondí, "exactamente".

Lo que John me dijo entonces, ha cambiado mi vida, mi ministerio y mi familia por siempre. Él dijo: "Larry, Dios no está en nuestro presupuesto; a Él le pertenece todo. Él tiene suficiente dinero para ganar al mundo mil veces más y todavía ve que todos sus hijos sean bendecidos por sobre cualquier cosa que podamos pedir o pensar".

Proverbios 13:22 dice: *"El hombre de bien deja herencia a su sus nietos; las riquezas del pecador se quedan para los justos"*. ¿Sabe lo que quiere decir ese proverbio? No sólo estamos supuestos a ser tan ricos para dejar herencia a nuestros nietos, sino que Dios está tratando de llevar la abundancia del mundo a las manos de la iglesia. Todo lo bueno viene de nuestro Padre de arriba, incluyendo la sabiduría y la provisión de casas, carros, ropas—y para predicar el evangelio a toda criatura de la tierra. La riqueza de esta tierra es para los hijos de Dios.

Tenemos un pacto de sangre con Jesús para cambiarnos de la pobreza hacia la prosperidad, pero vea la abundancia que está fuera en el mundo. ¡Los incrédulos han agarrado nuestras cosas! Dios sabe que tenemos necesidad de todas estas cosas. Así es que, debemos levantarnos y decirle a nuestro Padre: "¡Estamos listos por nuestras cosas ahora!".

Debemos darnos cuenta que el adquirir bienes no es la meta. Los verdaderos ricos no son materializados. Sin embargo, si le pedimos a Dios que provea salvación, sanidad o ayuda en tiempos de dificultades, ¿no podemos confiar en que Él nos proveerá con los medios para pagar nuestras deudas? Entonces podemos tener buen cuidado de nuestras familias y bendecir al mundo con el evangelio de Jesucristo.

¿Es la pobreza de Dios o del diablo?

Algunas personas creen que la riqueza es del demonio y que Dios quiere que los cristianos sean pobres, pero Santiago 1:13 nos dice que Dios no puede tentar a ningún hombre con lo malo. Si el dinero y la prosperidad fueran malos, entonces Dios nunca nos hubiera dado promesas de bendiciones cuando le damos nuestros diezmos.

Traigan íntegro el diezmo para los fondos del templo, y así habrá alimento en mi casa. Pruébenme en esto —dice el SEÑOR Todopoderoso—, y verán si no abro las compuertas del cielo y derramo sobre ustedes bendición hasta que sobreabunde. Exterminaré a la langosta, para que no arruine sus cultivos y las vides en los campos no pierdan su fruto —dice el SEÑOR Todopoderoso. Entonces todas naciones los llamarán a ustedes dichosos, porque ustedes tendrán una nación encantadora —dice el SEÑOR Todopoderoso.

(Malaquías 3:10–12)

Las *"compuertas"* reprimen la inundación. Si creemos que la prosperidad no es de Dios Le robamos nuestros diezmos y ofrendas, las compuertas se mantienen cerradas y estamos incapacitados para experimentar las bendiciones que Él tiene para nosotros. No sé usted, pero a mí me gusta la idea de que ¡Dios derrame tanta bendición sobre mí y no tengo suficiente espacio para contenerla!

La palabra *"compuertas"* en inglés también se deriva de la palabra *emboscar.*[6] ¡Dios quiere emboscarnos con prosperidad! Creo que Él nos embosca, o se nos acerca sigilosamente, porque hemos sido enseñados que la pobreza y el cristianismo son sinónimos.

Tiz y yo nunca hemos dejado de dar nuestros diezmos en todos los años desde que hemos sido salvos. Nunca hemos hecho un compromiso y no haberlo pagado. Pero nunca vimos la bendición financiera y la prosperidad de Dios hasta que nos dimos cuenta que la pobreza es parte de la maldición de donde hemos sido redimidos. La pobreza no es la voluntad de Dios; la prosperidad es la voluntad de Dios.

Den, y se les dará: se les echará en el regazo una medida llena, apretada, sacudida y desbordante. Porque con la medida que midan a otros, se les medirá a ustedes.

(Lucas 6:38)

Dios no quiere que vivamos en el fondo del barril. Él quiere que nuestras casas estén pagadas, nuestros carros pagados, nuestras iglesias pagadas y suficiente dinero para evangelizar al mundo. Dios no está arruinado. Él es dueño de castillos sobre miles de montañas (véase Salmos 50:10). La tierra es del Señor y por consiguiente su totalidad, y nosotros somos sus herederos de aquella promesa de pacto (véase Salmos 50:12).

Miremos que otra cosa tiene que decir la Palabra de Dios acerca de la prosperidad.

El hombre de bien deja herencia a sus nietos.　　　　　(Proverbios 13:22)

Recuerda al Señor tu Dios, porque es él quien te da el poder para producir esa riqueza; así ha confirmado hoy el pacto que bajo juramento hizo con tus antepasados.

(Deuteronomio 8:18)

Y Dios puede hacer que toda gracia abunde para ustedes, de manera que siempre, en toda circunstancia, tengan todo lo necesario, y toda buena obra abunde en ustedes.

(2 Corintios 9:8)

La pobreza no es parte del cristianismo. *La prosperidad* es parte del cristianismo. La prosperidad es parte del plan de redención de Dios para su pueblo. Necesitamos recordar que somos espíritus que vivimos en cuerpos y funcionamos por medio de nuestras almas—nuestras emociones e intelecto. Como un hombre tiene "*...su pensamiento en su corazón, tal es él*" (Proverbios 23:7, RVR). Así es que, si pensamos que la pobreza es parte del cristianismo, entonces la pobreza se queda con nosotros. Pero cuando entendemos que somos redimidos de la pobreza por medio de la sangre de Jesús, podemos ser libres y recibir la prosperidad que Dios tiene para nosotros.

Existen enseñanzas en los púlpitos en toda la nación que la prosperidad no es de Dios, pero ¡no olvide que el dinero enciende la luz! El dinero alimenta a niños en Cambodia. El dinero sostiene nuestros misioneros extranjeros mientras presentan el evangelio a los perdidos. El dinero sostiene orfelinatos. El dinero significa que podemos alcanzar a los muchachos de las calles.

No escuche a cualquiera que enseñe que Dios quiere que usted sea pobre y necesitado. Si usted lo escucha, usted lo absorberá y eso es bíblicamente erróneo. Dios ha revertido la maldición.

> *Dichoso el hombre que no sigue el consejo de los malvados.*   (Salmos 1:1)

Sea cuidadoso a quien usted escucha. La sangre que Jesús derramó cuando presionaron la corona de espinas en su cabeza ha revertido la maldición de pobreza. Todo lo que usted debe hacer para salir de la pobreza y entrar a la prosperidad es, creer que la sangre de Jesús ha revertido la maldición, aceptar su promesa de prosperidad para su vida y obedecer a Dios en dar.

Estuve enseñando esto en las Filipinas y un pastor me dijo: "Bien, eso está bien para ustedes, pero no estamos en los Estados Unidos de América". La Biblia no es un libro escrito solamente para los norteamericanos. La Palabra de Dios no es exclusividad para cierta raza o cierta nación. La Biblia fue escrita para *todas* las personas. Por lo que le dije a este pastor: "¿Cómo puede decir que la prosperidad no es para usted? Usted puede ver la prosperidad en el trabajo cuando su ganado tiene dos terneros en vez de uno. Usted ve a sus pescadores trayendo abundancia como Pedro lo hizo cuando pescó y las canastas fueron llenas y los peces fueron tantos que ni las canastas se rompieron. Y usted ha visto sus cosechas de arroz que duplican la cantidad de lo que se esperaba".

Nuestra idea de la prosperidad puede ser muy limitada. ¡No limite a Dios! Reconozca la prosperidad de Dios en su vida y sea agradecido.

El trabajo no es una maldición

¿Tenemos que trabajar? Sí, debemos trabajar. En este mundo, un día de trabajo es para un día de salario. Sin embargo, Dios multiplica nuestro trabajo. Lo que el trabajo hace que en el mundo sea un año de cosecha, Dios les manda a sus hijos en un mes. Lo que en el mundo toma diez años de ganancias, Dios nos lo puede dar en seis meses. El mundo funciona por la ley de la pobreza, por el sudor de sus frentes, pero usted y yo funcionamos por la ley de la redención, por la sangre de su frente, y esa maldición de pobreza ha sido rota.

El trabajo en sí no es una maldición porque Adán trabajaba antes de la maldición. La Biblia dice que si usted no trabaja, no coma (véase 2 Tesalonicenses 3:10). Usted no puede estar diciendo: "Oh, Dios, ayúdame en mi necesidad", y sus familiares y amigos estén diciéndole: "¿Por qué no estás trabajando?".

Y su respuesta sea: "Bien, estoy viviendo por fe".

No, si usted está capacitado para trabajar y no trabaja, ¡está viviendo por caridad, no por fe! Vivir por fe no quiere decir que no debe trabajar. *Vivir por fe es trabajar y creer que Dios le bendecirá su trabajo.* No le diga a la gente: "Bueno, no trabajo porque vivo de fe y sé que Dios proveerá". Esa *no* es la fe de Dios. El subsidio estatal puede proveer, pero es para la gente que *no puede* trabajar, no es para la gente que *no* trabajará. Busque la sabiduría de Dios, deléitese en el Señor, medite en su Palabra día y noche, y, todo lo que usted haga prosperará (véase Salmos 1:1–3).

TRABAJO INFRUCTÍFERO

Adán vivía en abundancia cuando fue tentado en el jardín y Dios multiplicó la abundancia de Adán por su trabajo. Las cosas fueron creciendo y floreciendo. Pero cuando Adán desobedeció a Dios, la tierra fue maldecida y en vez de abundar con provisión, tuvo que trabajar para suplir esa provisión. En vez de automáticamente producir frutos, hierbas y árboles, la tierra produjo espinas y zarzas. El arduo trabajo, labor y sudor se convirtieron en el estilo de vida sólo para sobrevivir.

Antes de la maldición, Adán era bendecido en su esfuerzo. Dios bendijo su trabajo y producía en gran abundancia. Sin embargo, cuando la maldición cayó, la tierra que antes daba en abundancia fue maldita y Adán tenía que trabajar fuerte para apenas sobrevivir.

Así es donde debemos vivir. Debemos trabajar para forzar la existencia porque la tierra donde vivimos está maldita. *Pero hemos sido redimidos de esa maldición por la sangre del Cordero.* Dios ha dado la manera para que nosotros rompamos la maldición de la pobreza.

Una mujer nos escribió después de ver nuestro programa de televisión y escuchar que las maldiciones son rotas por medio de la sangre de Jesucristo. Ella encontró esperanza para su familia que había estado afligida por la pobreza por cinco generaciones.

Estimado Pastor Huch,

Nosotros somos personas muy trabajadoras, pero nunca podemos ir más allá del trabajar fuerte. No importa cuántos trabajos yo tenga a la vez, pareciera no poder ahorrar para mi retiro. Siempre pareciera que algo sale de pronto, por lo que debo usar ese poco de dinero guardado para pagar alguna cosa. Quisiera ver a toda mi familia con prosperidad propia y dinero para los años de retiro, en vez de trabajar hasta que el cuerpo se haga viejo y esté listo para enterrarlo.

Hasta donde entiendo, han sido cinco generaciones de matrimonios terribles, divorcios y carencia. Odio la pobreza en mi vida, en la vida de mi familia y en esta ciudad. Cuando escuché su mensaje en TBN, me estremecí. Aunque no tuve una etiqueta para los problemas, siempre he sabido que debía haber algo terriblemente mal debido a la pobreza, divorcios y padres solteros en nuestra familia.

Pastor Huch, sufro por mi familia, por mí y por la ciudad en la cual vivo. No debe continuar de esta manera y me gozo en saber que puedo y podré cambiarlo.

Estuve viendo su programa un sábado por la tarde en TBN. El Señor me dio ese momento para ver su programa, por lo que entiendo que Él quiere que busque su ministerio. Por favor ore por mí y por todo lo que he compartido con usted.

Sinceramente,

Sonja

He oído a mucha gente decir: "Creo que Dios dentro de poco nos bendecirá dulcemente y nos dará el pastel en el cielo cuando muramos". Pero ¡Dios también quiere que lo tengamos aquí en la tierra mientras estemos todavía vivos! Usted no puede bendecir al mundo si su prosperidad está en el cielo. La prosperidad significa que usted está haciendo su trabajo, mientras usted hace su labor, mientras hace funcionar su negocio o mientras construye su iglesia, usted lo está haciendo todo por Dios. Dios dijo: "Me involucro y no me muevo por las maneras del mundo; yo me muevo por maneras sobrenaturales, y, yo te prospero en tu jornada".

Algunas veces limitamos a Dios porque nuestra idea de prosperidad se conforma a la idea del mundo de la prosperidad. Una persona puede darlo todo para convertirse en misionero en un país tercermundista pero sigue siendo próspero. ¿Cómo es posible? Porque Dios proveerá el boleto aéreo para llegar hasta allá, suplirá las Biblias e insumos médicos para la gente y multiplicará su trabajo para que toda la villa pueda ser salvada. Puede que Dios no le dé un Rolls-Royce, pero Él se asegurará que no le falte ropa, al igual que lo hizo con los israelitas mientras andaban en el desierto, hasta que usted obtenga ese incremento que ha estado pidiendo. La prosperidad es el maná en el desierto porque un rubí costoso no le llenará su estómago vacío. Dios sabe lo que usted necesita.

Una dama en nuestra iglesia corrió hacia mí el otro día y me dijo: "¡Pastor, gracias por la enseñanza acerca de romper la maldición de la pobreza y vivir en prosperidad! Quiero que sepa que soy la primera persona en la historia de nuestra familia en comprar una casa. El espíritu de pobreza está fuera de mi vida y de la vida de mis hijos, y soy una orgullosa propietaria. ¡Alabado sea Dios!".

Una pareja vino y me dijo haber estado con una deuda de $14,000 por gastos hospitalarios por causa de una enfermedad inesperada y estaban casi por perder su casa. Su madre escuchó el mensaje de la cancelación sobrenatural de Dios y le dijo a Dios: "¿Quieres decir que tú puedes hacer que mis hijos salgan de la deuda?". Entonces, empezó a orar. Prontamente, después de eso, del hospital llamaron a esta pareja y le dijeron: "Cancelaremos su deuda. Está pagada totalmente". Ellos están bendecidos y el reino de Dios está bendecido por medio de ellos porque obedecieron a Dios y le dieron sus diezmos y ofrendas del dinero que les fue devuelto.

NO PIERDA LO QUE YA TIENE

La bendición de Dios no es sólo por lo que está en frente de usted, sino también, lo que no está adelantado desde antes. Parte de la maldición de pobreza es que el devorador trata de tomarle la delantera. Ser devorado significa que usted comienza a salir adelante y su carro se descompone; empieza a superarse y sus hijos se enferman y usted queda una cuenta hospitalaria; empieza a superarse y otras cuentas llegan y drenan sus reservas.

Si usted está pagando sus diezmos y dando sus ofrendas, Dios le dice: *"Exterminaré a la langosta, para que no arruine sus cultivos"* (Malaquías 3:11). Hay momentos cuando el demonio está tratando de provocar que su vehículo se descomponga y que el motor explote. Luego Dios interviene y dice: "No, no toques eso porque él pago sus diezmos y esa maldición de pobreza es revertida".

Dios dijo: "Todas las naciones los llamarán a ustedes dichosos, porque son bendecidos por el Señor" (véase Malaquías 3:11–12). Cuando usted tiene una linda casa y un lindo vehículo, y su esposa e hijos se visten muy bien, el mundo dice: "Son bendecidos". Su vida refleja la naturaleza de Dios. Usted representa su bondad y bendición.

Por quince años, Tiz y yo hemos testificado a nuestra familia acerca del Señor, pero ellos no escuchaban una sola palabra que decíamos. Nos habíamos entregado completamente a Dios, comprado ropas en tiendas de segunda, manejando cacharritos y apenas lográbamos ajustar con las cuentas. Nos preguntaban: "Si trabajas tanto para Dios, ¿por qué no te cuida?". ¡Eso tiene sentido! ¡Estuvimos predicando el evangelio mientras vivíamos en pobreza y presumiendo de ello! "Vamos, ven con nosotros, piérdelo todo. Vamos. ¿Dónde están todos? Vamos. ¿Qué pasa contigo? ¿No quieres estar en constante necesidad como nosotros?". Entonces fue cuando aprendimos que Dios quiere bendecir a sus hijos.

> *Pero lancen voces de alegría y regocijo los que apoyan mi causa, y digan siempre: "Exaltado sea el Señor, quien se deleita en el bienestar de su siervo".* (Salmos 35:27)

Mis ofrendas se han cuadriplicado porque Dios prospera todo lo que pongo en mis manos. Si ya usted está diezmando, todo lo que tiene que hacer es aceptar que la sangre lo ha hecho y diga: "Aplico la sangre del Cordero en mi trabajo, mis finanzas y mi familia".

Existe mucha controversia acerca del mensaje de prosperidad. Estoy de acuerdo en que ha sido mal aplicada y abusada por algunos, pero eso no cambia la Palabra de Dios. Conozco algunas personas que dicen: "Bien, he visto gente reincidir una vez que han ganado dinero y cosas materiales". Yo también. Pero muchas más recaídas porque estuvieron cansados de "pagar el precio," y "sufrir por Jesús", y trabajar año tras año con nada que demostrar.

La pobreza es parte de la maldición. Dios nunca tuvo la intención de que sus hijos vivieran en pobreza. Dios nunca tuvo la intención que sus hijos sean la "escoria de la sociedad". Desde el principio, la intención de Dios para sus hijos amados ha sido bendecirlos y prosperarlos. En Deuteronomio 28:1–14, Dios le dice a su pueblo los resultados de servirle incondicionalmente—¡bendición, bendición, bendición!

Probablemente, la mayor mentira que Satanás haya lanzado fue que la pobreza es el indicador de santidad. Si los cristianos están obligados financieramente, tiene muy poco para darle a sus iglesia. Si las iglesias están obligadas financieramente, tienen muy poco para hacer su obra. Consecuentemente, la obra de Dios es retrasada o parada completamente. Los misioneros no pueden ser enviados. Las Biblias no pueden ser impresas. La gente dice que el evangelio es gratis. Si, el mensaje es gratis, pero requiere de mucho dinero para cumplir la visión de Dios. Las Buenas Nuevas es que Él es nuestra fuente y nuestro proveedor.

He enseñado este mensaje en una iglesia extranjera que había sido sostenida por el dinero misionero de los norteamericanos por cincuenta y tres años. Ellos aceptaron el hecho de que Jesús derramó su sangre por nuestra prosperidad y que la maldición de la pobreza sobre ellos fue rota. No sólo ya no necesitaban el dinero misionero, sino que en un año abrieron tres de sus propias iglesias.

Hay un tiempo límite para la cosecha de las almas que está empezando a tomar lugar. Dios está dando un límite para transferir el bienestar de su pueblo para que podamos cumplir sus planes. Necesitamos estar en condición para movernos de la pobreza a la prosperidad. Tenemos que preparar nuestras mentes, espíritus y actos para recibir lo que Dios quiere que hagamos en nuestras vidas.

Dios no está en contra de que tengamos dinero. Él está en contra de que el dinero nos controle. Si mantenemos como prioridad primera a Dios y su obra en nuestras vidas, no existe final para la prosperidad que Él derramará por medio de nosotros y para nosotros. Dios no nos está pidiendo que hagamos *voto de pobreza*, sino que Él nos pide que hagamos *voto de prioridades*. Mientras seamos fieles en nuestras finanzas en el ámbito natural, Dios multiplicará y derramará finanzas en el mundo sobrenatural.

Lea este testimonio acerca de Suzanne, una de nuestros miembros del Centro Cristiano Nuevos Comienzos, quien rompió la maldición de pobreza en su vida y está viviendo en la prosperidad de Dios.

Pastores Huch y Tiz,

La enseñanza que he recibido en los últimos seis años de asistir al Centro Nuevos Inicios, han formado la mayor parte en la persona que ahora soy.

Cuando llegué a Portland hace seis años, estaba sin casa. Seis años de un matrimonio muy abusado física y emocionalmente me dejaron con mucho miedo y con poca autoestima. Viví en refugios para mujeres maltratadas y empecé a asistir a Nuevos Comienzos.

Fui puesta en "el sistema" de ayuda estatal y vivienda de bajo ingreso. Me quitaron la ayuda estatal y mis hijos y yo vivimos de la ayuda para niños de $423 al mes. No tenía habilidades para trabajar, nunca terminé la secundaria, y no había *trabajado en seis años. He tenido mi talento de artista, y he diezmado aun cuando vivía en pobreza.*

En Noviembre de 1996, le pedí a Dios que fuera mi socio de negocio. Le dije que mi vida era de Él—Haría todo lo que Él me pidiera. Todo este tiempo he estado leyendo su Palabra, escuchando grabaciones y creciendo. En 1996 el ingreso bruto de mi arte era bajo de los $8,000. En 1997 empecé a orar "específicamente", igual a como usted nos ha enseñado que lo hagamos. En enero oré para hacer $6,000 y ¡sucedió! Luego oré para duplicarlo. En marzo lo incrementé a $12,000.

Vivía en vivienda de bajo ingreso y quería cambiar, entonces oré a Dios para que me diera suficiente dinero para comprar una casa. En septiembre, gané más de $20,000 en un período de treinta cinco días y compré una casa bajo contrato.

Luego dije: "Dios, necesito una nueva camioneta. Esta ya no es segura". Una semana más tarde, tuve una nueva camioneta. Ahora tengo un negocio exitoso donde puede ganar más de $10,000 al mes. Ahora gano más de $500 al día—más con lo que solía vivir en un año. Creo que este año mi diezmo será mayor de lo que solía vivir en un año.

Mi mentalidad ha sido cambiada por medio de los mensajes que he recibido en la iglesia y por medio de grabaciones y libros. Todo lo que usted está enseñando funciona, si la gente así lo hace. Trabajo fuerte, pero también soy fiel para asistir y estar involucrada en la iglesia. Reconozco que debo estar conecta a mi fuente.

"El levanta del polvo al pobre, y al menesteroso alza del muladar" *(Salmos 113:7–8,* RVR). *Mis clientes son gente de los más poderosos y*

pudientes del estado, y están dispuestos a esperar su
turno para que yo les trabaje. Hace poco cumplí
mis treinta años y mi vida acaba de empezar.
Gracias.

Dios le bendiga,

Suzanne

¡Nuestro Dios es el Dueño de la cosecha! ¡Lo que
Él ha hecho por Suzanne, puede y quiere hacerlo por
usted! La pobreza ya no tiene lugar en su vida porque
la maldición ha sido rota. Fue rota cuando la corona de espinas fue insertada en la cabeza sin pecado
de Jesús y su sangre sin mancha derramada de su
cuerpo. Si usted está necesitando un trabajo, busque
al Señor. Creo que usted recibirá un empleo que no
sólo amará, sino también pagará y sobrepasará lo
que usted necesite. Y mientras recibe la bendición
de Dios, usted puede dar un giro y ser de bendición
para otros. ¡Usted no puede dar más que Dios!

PREGUNTAS PARA LA DISCUSIÓN

1. En Génesis 3:17–19, ¿qué le dijo Dios a Adán que sucedería debido a su desobediencia?

2. Camino hacia Pilato, mientras los soldados mofaban a Jesús, ¿qué colocaron en su cabeza? Véase Mateo 27:29.

3. ¿Qué dice Génesis 50:20 acerca de los planes de Satanás?

4. En 2 Corintios 8:9, ¿qué dice acerca de, en que se convierte usted como resultado de que Cristo tome su pobreza para sí mismo?

5. ¿Qué dice Marcos 7:13 acerca de las tradiciones religiosas?

6. Cuando se trata del demonio, Pablo nos enseñó a estar precavidos ¿de qué? Véase Efesios 6:11.

7. Proverbios 13:22 dice: *"El hombre de bien deja herencia a sus nietos, las riquezas del pecador se quedan para los justos".* ¿Qué cree usted que este versículo quiere decir?

8. Algunas personas creen que la riqueza es del demonio y que Dios quiere que los cristianos sean pobres. ¿Qué nos dice Santiago 1:13?

9. Léase Malaquías 3:10–12 y llene los espacios en blanco siguientes:

> *Traigan _____ el diezmo para los fondos del templo, y así habrá alimento en mi casa. Pruébenme en esto—dice el Señor Todopoderoso, y vean si no abro las _____ del cielo y derramo sobre ustedes bendiciones hasta que sobreabunde. Exterminaré a la _____, para que no arruine sus cultivos y las vides en los campos no pierdan su fruto— Dice el Señor Todopoderoso—. Entonces todas las naciones los llamaran a ustedes _____, porque ustedes tendrán una nación encantadora—dice el Señor Todopoderoso.*

10. ¿Qué le dicen los siguientes pasajes acerca de la prosperidad?

(a) Lucas 6:38

(b) Proverbios 13:22

(c) Deuteronomio 8:18

(d) 2 Corintios 9:8

11. ¿Alguna vez se ha preguntado por qué necesita trabajar y cómo el trabajo cabe en la prosperidad que Dios tiene para su pueblo? ¿Cree usted que el trabajo en sí es parte de la maldición que Adán le trajo al mundo?

12. ¿Cuáles, dice Dios en Deuteronomio 28:1–14, son los resultados de servirle a Él incondicionalmente?

13. Vuelva a Deuteronomio 28:1–14, y, ore en voz alta los versículos, insertando su propio nombre en donde dice: *"tu"*, *"ti"*, *"te"*.

CAPÍTULO 5

LAS MANOS PERFORADAS DE JESÚS NOS DEVOLVIERON EL DOMINIO SOBRE LAS COSAS QUE TOCAMOS

El cuarto lugar donde la sangre de Jesús fue derramada, fue de sus manos, donde los soldados clavaron las estacas para colgarlo en la cruz. Creo que por medio de la sangre que derramo de sus manos clavadas, Dios dice que todo lo que pongamos en nuestras manos Él lo prosperará (véase Génesis 39:3).

Antes de la caída de Adán, usted y yo fuimos creados por Dios para estar a cargo y tener dominio sobre toda la tierra.

Y dijo: "Hagamos al ser humano a nuestra imagen y semejanza. Que tenga domino sobre los peces del mar, y sobre las aves del cielo; sobre los animales domésticos, sobre los animales salvajes, y sobre todos los reptiles que se arrastran por el suelo". Y Dios creó al ser humano a su imagen; lo creó a imagen de Dios. Hombre y mujer los creó, y los bendijo con estas palabras. "Sean fructíferos y multiplíquense; llenen la tierra y

sométanla; dominen a los peces del mar".
(Génesis 1:26–28)

Dios colocó la autoridad en las manos de Adán y Eva, pero cuando Adán desobedeció a Dios, esa autoridad fue quitada de nosotros y Satanás se volvió en el dios de este mundo. Satanás empezó a tomar el cargo. Creo que, cuando Jesús fue crucificado, Él derramo su sangre como si cayeran las espinas en sus manos para que usted y yo pudiéramos recuperar nuestro dominio y convertirnos en vencedores. Nuestra autoridad ha sido redimida por medio de la sangre vertida de las manos de Jesús.

Muchos cristianos están escapándose del demonio o tratando de esconderse de él. Creemos que si corremos lo suficientemente rápido y hablamos en lenguas lo suficientemente, el demonio no nos dañará mucho. Entonces, hay otros cristianos que se aferran a la tierra y piensan que el demonio los ignorará si se mantienen quietos y no hacen mucho ruido.

Como cristianos, no debemos ser tímidos, estar a la defensiva u operar en neutro. Podemos vencer al demonio. Podemos confrontar al demonio. Podemos tener Victoria sobre el enemigo de nuestras vidas que anda suelto para destruirnos. Podemos enfrentar los ataques de Satanás y vencerlos. Podemos tomar la ofensiva para frustrar las tácticas enemigas contra nosotros.

Aférrese de lo que pertenece a Dios

Aun el mundo nota cuando el Señor hace que su pueblo prospere. Por ejemplo: Potifar observó que aunque José era un esclavo, era exitoso y próspero y *"El Señor estaba con José y lo hacía prosperar en todo"* (Génesis 39:3). Es por esta razón que el demonio no quiere que usted ponga sus manos en las cosas y tome autoridad en lo que le pertenece a Dios y a su pueblo.

Una vez, cuando estaba predicando en Michigan, impusimos manos y oramos por una mujer que necesitaba una doble bendición. Este es el testimonio que más tarde nos envió:

Estimado Pastor Huch,

Vine a verle cuando estuvo en Detroit. Que maravilloso y ungido mensaje usted predicó sobre el rompimiento de la maldición de la deuda financiera. El Señor me habló y fue confirmado que yo sería doblemente bendecida. Después de preguntar a quien le gustaría recibir la imposición de manos para la liberación de la unción, corrí hacia adelante con todos los demás. Usted impuso sus manos dos veces.

Después de un mes, me embaracé, por lo que había estado orando por más de tres años y medio. En el mismo día que supe que estaba embarazada, mi esposo recibió un trabajo con salario de $50,000 al año. Durante los últimos dos años, habíamos estado desempleados. Durante todo este tiempo, el Señor nos ha sustentado y suplió nuestras necesidades.

Continuaré creyendo que durante el año de jubileo, el Señor se encargará de todas nuestras deudas financieras que hemos adquirido durante estos años de desempleo. Gracias a su enseñanza de romper las maldiciones generacionales, soy capaz de recibir la promesa de Dios de un parto sin dolor de este bendito y saludable bebé que cargo.

Dios le bendiga,

Jamilla

Cuando Jesús sangró de sus manos, el dominio fue restaurado para los hijos de Dios. Eso quiere decir que cualquier cosa perversa a la que nos enfrentemos, tenemos la autoridad en el nombre de Jesús para dejarla desarmada.

Tomarán en sus manos serpientes; y cuando beban algo venenoso, no les hará daño alguno; pondrán las manos sobre los enfermos, y éstos recobrarán la salud.

(Marcos 16:18)

Usted necesita imponer manos sobre sus hijos, cubrirlos con la sangre de Jesús, y decir: "Rompo la iniquidad de mis hijos. Rompo la iniquidad de mi familia". Usted necesita imponer manos en la almohada de su hijo y declarar que ellos servirán a Dios. Usted necesita imponer manos en la escuela de sus hijos y cubrirla con la sangre de Jesús. Si usted tiene un esposo inconverso, imponga sus manos en la almohada de su esposo y libere la unción del Espíritu de Dios. Tome la autoridad sobre esos demonios de iniquidad y, de pronto, el papá empezará a abrir la Biblia para leerla. Él dijo que nunca iría a la iglesia, pero ahora hace que toda la familia vaya. ¿Por qué? Porque la iniquidad está rota por medio de la sangre de Jesús en el momento que usted tomó la autoridad sobre el enemigo, y el Espíritu Santo está listo para que las promesas de Dios pasen en su vida.

Todo en lo que usted imponga sus manos, Dios lo hará prosperar (véase Génesis 39:3). ¿Por qué? No porque sea un ritual, sino porque la autoridad ha sido regresada a sus manos por medio de la sangre preciosa de Jesús.

Cuando estuvimos pastoreando en una iglesia en Santa Fe, había un gran edificio en el centro, que estaba siendo renovado para una discoteca para homosexuales y lesbianas. Juntamos a nuestros miembros de la iglesia, fuimos al lugar, impusimos manos sobre el edificio y dijimos: "Tú espíritu asqueroso, te atamos, tomamos el dominio sobre este lugar, y, declaramos que no se abrirá".

En el día de la gran inauguración, toda la electricidad falló, por lo que tuvieron que cerrarlo. Se hicieron reparaciones y otra gran apertura fue programada. Regresamos al edificio, impusimos manos y dijimos: "Tú espíritu asqueroso, en el nombre de Jesús, tomamos dominio sobre ti. No te levantaras en esta ciudad para propósitos inmorales". Ellos estaban listos para abrir y algo más falló. Esto estuvo así por un año y medio mientras millones de dólares se invirtieron y se les acabó. Nunca abrieron. ¿Fue esto una simple coincidencia? ¡Absolutamente que no!

¡ESTO ES REAL!

¡Debemos tener autoridad! Dios nos dio autoridad en el jardín del Edén, la perdimos por el pecado de Adán, y Jesús la redimió en la cruz. Jesús puso sus manos. Él no se resistió a sus oponentes, sólo puso su cuerpo, y ellos clavaron esos clavos en sus manos. Su sangre fue derramada y el dominio regresó a las manos de aquellos que creen en Él.

La Palabra de Dios dice que hemos sido redimidos por la sangre de Jesús. Nuestra autoridad ha sido redimida. Nuestro dominio ha sido redimido. ¡Necesitamos tomar nuestras manos, imponerlas en todo y reclamar las bendiciones de Dios con autoridad, por medio de la sangre y en el nombre de Jesucristo!

PREGUNTAS PARA LA DISCUSIÓN

1. Léase Génesis 1:26–28 y haga una lista de las cosas que Dios le dio al hombre para que tuviera dominio.

2. En Génesis 39:3, ¿qué observó Potifar en el esclavo José?

3. De acuerdo con Marcos 16:17–18, ¿qué señales le siguen a aquellos que creen en el nombre de Jesús?

4. La Palabra de Dios dice que hemos sido redimidos por medio de la sangre de Jesús. Nuestra autoridad ha sido redimida. Nuestro dominio ha sido redimido. Tome sus manos ahora mismo, impóngalas en todo y reclame las bendiciones de Dios con autoridad, por medio de la sangre y en el nombre de Jesucristo.

CAPÍTULO 6

LOS PIES PERFORADOS DE JESÚS NOS DEVOLVIERON EL DOMINIO SOBRE LOS LUGARES POR DONDE CAMINAMOS

El quinto lugar donde Jesús derramó su sangre fue donde atravesaron los clavos en sus pies, clavándolo en la cruz. La sangre derramada de sus pies también nos redimió de nuestra pérdida de dominio y autoridad. El hombre estaba supuesto a ser la cabeza y no la cola. El hombre estaba supuesto a estar sólo arriba y no abajo (véase Deuteronomio 28:13). Ese es nuestro lugar a través de la sangre derramada de Jesús. Cuando Adán desobedeció a Dios en el jardín del Edén, perdió el dominio y la autoridad, y en ese momento, Satanás se convirtió en el dios de este mundo. Pero por medio de la sangre derramada de Jesús no tenemos que ser pisoteados por Satanás. Sino que, ¡nosotros lo pisotearemos a él!

> *Todo lugar donde planten el pie será de ustedes.* (Deuteronomio 11:24)

Hemos sido ordenados para que *"vayan por todo el mundo y anuncien las buenas nuevas a toda criatura"* (Marcos 16:15). Donde quiera que vayamos, debemos decirle a la gente: *"El reino de Dios está cerca.*

¡Arrepiéntanse y crean las buenas nuevas!" (Marcos 1:15). Esto sería imposible a menos que tuviéramos la autoridad para tomar el dominio sobre el reino terrenal de Satanás. Se nos ha dicho *"Sean fuertes y valientes. No teman ni se asusten..., pues el Señor su Dios siempre los acompañará; nunca los dejará ni los abandonará"* (Deuteronomio 31:6). El dominio de esta tierra es nuestra de nuevo por la sangre derramada de Jesucristo, y donde quiera que estemos, el reino del cielo está accesible.

Como creyente, usted tiene la autoridad de andar por el vecindario y decir: "Yo ato el mal en mi vecindario. Ato a los drogadictos y los traficantes". Usted puede caminar por las escuelas y decir: "Ato la violencia, la homosexualidad, la perversión, y las enseñanzas de la Nueva Era", porque donde quiera que usted vaya, Dios está con usted.

Los anarquistas y las pandillas cederán al poder de Dios. Usted puede pararse en su porche y decir: "Tú, espíritu de violencia, te ato en el nombre de Jesús. Te reprendo a que salgas de mi ciudad. Te ordeno que dejes mi vecindario. Te ordeno que dejes mi escuela. Te ordeno que dejes mi gobierno".

El enemigo le dirá: "¿Quién te crees que eres?". Usted puede reclamar su lugar en Dios como su hijo, lavado por la sangre de Jesús con su dominio restaurado. Cada lugar donde usted pise, tendrá dominio. Dios le da a usted cada lugar donde ponga la planta de sus pies.

Clamando la sangre sobre su familia

Al principio de este año escolar, los padres me estuvieron expresando sus preocupaciones acerca de la seguridad de sus hijos durante el día escolar. Yo les dije lo que Moisés les dijo a los hijos de Israel: "Pongan la sangre de Jesús sobre su puerta, porque cuando ese espíritu de iniquidad y destrucción trate de entrar, verá la sangre y huirá". ¿Cómo pone usted la sangre de Jesús en el dintel de su puerta? Usted habla la Palabra a sus hijos. Cree en sus promesas de protección para su familia. Le ordena al enemigo que deje en paz a sus hijos. Ora por sus hijos, declara la sangre de Jesús sobre ellos, y sabe que el ángel de muerte y destrucción no puede cruzar la sangre. Vaya a la escuela cuando nadie esté allí, ponga sus manos al frente de las puertas, y ore por esa escuela. Camine alrededor de la escuela y reclámela para el reino de Dios, porque *"todo lugar donde plante su pie será de ustedes"* (Deuteronomio 11:24).

Hay cosas en lo natural que usted puede también hacer. Esté disponible para sus hijos. Converse con ellos. Conozca sus amigos. Involúcrese en las actividades de su escuela. Sea voluntario en sus escuelas. Sea el padre que anda la extra milla. Haga de sus hijos su pasión.

El demonio ha estado ocupando nuestras escuelas mucho tiempo ya. Es el momento de recuperar lo que el enemigo ha robado y consagrarlo a la obra de Dios. Pero no se detenga ahí. Ponga la sangre de Jesús sobre las puertas del tabernáculo de su propia vida. Entonces, cuando ese espíritu de iniquidad, muerte y destrucción llegue, entiende que no puede cruzar esa línea de sangre. No importa si sean armas, divorcio, pobreza o enfermedad, *"porque el que está en ustedes es más poderoso que el que está en el mundo"* (1 Juan 4:4)

> *Porque el esposo no creyente ha sido santi-*
> *ficado por unión con su esposa, y la esposa*
> *no creyente ha sido santificada por unión*
> *con su esposo creyente. Si así no fuera, sus*
> *hijos serían impuros, mientras que, de he-*
> *cho, son santos.* (1 Corintios 7:14)

Su esposo puede que no sea salvo, pero usted puede declarar la sangre sobre ellos y sus hijos, y romper esa maldición familiar. Cuando aprendimos esto hace muchos años, animamos a todas las esposa de nuestra iglesia que tenían esposos no creyentes para que empezaran a declarar la sangre sobre sus esposos. Al principio, los esposos estaban enojados con sus esposas porque ellos estaban yendo a la iglesia, pero dentro de dos semanas, cada uno de esos esposos vino y se salvaron. Treinta mujeres estuvieron fielmente orando y treinta esposos le entregaron sus vidas a Jesús. ¿Por qué? Porque las oraciones de sus esposas rompieron la iniquidad que les mantenía atados. Esto también funcionará para sus hijos. Por medio del poder de la sangre de Jesús, usted puede ver que sus hijos vuelvan su cara a Dios y vivan para Él. Usted puede ver a sus hijos crecer y hacer impactos piadosos en sus escuelas. Usted puede ver a su hijo enfrentarse contra las artimañas del mal y mantenerse para justicia.

Cuando estuvimos buscando un lote para la iglesia, fuimos donde el alcalde y nos dijo: "Esta es una propiedad industrial y comercial. Ninguna iglesia puede permitirse que sea construida aquí". Eso no nos detuvo porque sabíamos que por medio del Espíritu de Dios esta era la tierra que Dios tenía para nosotros. Salimos de allí, caminamos alrededor de ese lote, y lo reclamamos para nuestra iglesia. Más tarde, nos reunimos con el comité de la ciudad, quienes ya habían decidido hacernos desistir. Ellos dijeron: "No sabemos por qué estamos haciendo esto, pero vamos a ser 'como de abuelo' para ustedes. Ustedes serán la única iglesia que será capaz de construir en esta propiedad comercial". Dios nos dio dominio, y yo sabía que dondequiera que plantara mi pie era propiedad comprada por la sangre.

Originalmente hicimos planes para comprar cincuenta acres, pero terminamos comprando siendo ochenta y cuatro acres. Hoy, ese terreno vale más de cinco o seis veces del valor pagado. No sólo Dios nos da dominio sobre los lugares donde caminamos, Él prospera los lugares donde andamos.

Levántese y tome el dominio

Como alguien ha atestiguado en algún lugar: "¿Qué es el hombre, para que en él pienses? ¿Qué es el ser humano, para que lo tomes en cuenta? Lo hiciste un poco menor que los ángeles, y lo coronaste de gloria y de honra; ¡todo lo sometiste a su dominio!". Si Dios puso bajo él todas las cosas, entonces no hay nada que no le esté sujeto. Ahora bien, es cierto que todavía no vemos que todo le esté sujeto. (Hebreos 2:6–8)

No sólo somos simples chicos y chicas de Dios. Usted y yo somos herederos de la salvación. Eso quiere decir que los ángeles están debajo de nosotros; nosotros no estamos debajo de ellos. Somos coherederos con Jesucristo (véase Romanos 8:17).

Cuando nosotros vamos donde Él nos indica, Él va con nosotros, y podemos tomar el dominio por medio de su autoridad.

No servimos a un Salvador que está muerto, o a un Señor que todavía está en la tumba. ¡Servimos a un Salvador resucitado lleno de vida, lleno de poder y lleno de unción! Nuestro Salvador removedor de carga, destructor del yugo nos dice: "Así como el Padre me envió, ahora yo los envío. Donde quiera que vayan, díganles que el reino del cielo está en sus manos" (véase Juan 20:21 y Mateo 10:7).

Hace años, la gente solía hacer "marchas Jericó". Ahora entienden que no existe poder en los *rituales religiosos*, sino que existe poder de cambio de vida en la *revelación*. La marcha original de Jericó sucedió porque Josué recibió la revelación del Señor que donde quiera que sus pies dejaran huella estaría bajo su autoridad dada por Dios (véase Josué 1:3). Preocúpese por las escuelas de sus hijos y camine alrededor de los patios y diga: "En cada lugar donde ponga mi pie es patio comprado por sangre para el reino de Dios. Él nos las da como herencia". No lo haga de manera que se vea ridículo, sino que puede marchar alrededor de esa escuela y los espíritus de violencia, ira, depresión y enfermedades se estremecerán.

Cuando los hijos de Israel pusieron la sangre del cordero en las jambas de sus puertas, el espíritu de muerte no pudo cruzar (véase Éxodo 12:22–28). Usted necesita poner la sangre alrededor de su casa, su iglesia y en las escuelas de sus hijos, y comprender que Dios le restauró el dominio a usted por medio de la sangre que brotó de los pies de Jesús.

Cuando nosotros atamos el mal, nuestro siguiente paso es liberar la paz de Jesús en nuestras calles. Liberar la rectitud de Jesús en nuestras ciudades.

En verdad os digo: todo lo que atéis en la tierra, será atado en el cielo; y todo lo que desatéis en la tierra, será desatado en el cielo.
(Mateo 18:18, LBLA)

Podemos atar al enemigo y patearlo fuera de nuestras ciudades y naciones, pero para mantenerlo afuera, debemos liberar el poder de Dios para transformar las vidas. Debemos predicar las Buenas Nuevas y hacer discípulos de todas las personas para caminar realmente en dominio.

Nosotros decimos: "Bien, Dios debe hacer algo con este enredo".

Él dice: "Ya lo hice".

"Dios debe enviar alguien".

Él dice: "¡Estoy tratando! ¿Estás escuchando?".

Y les dijo: Id por todo el mundo y predicad el evangelio a toda criatura... Y estas señales seguirán a los que creen: En mi nombre echarán fuera demonios; hablarán nuevas lenguas; tomarán en las manos serpientes, y si bebieren cosa mortífera, no les hará daño; sobre los enfermos pondrán sus manos, y sanarán. (Marcos 16:15, 17–18, RVR)

¿Está listo para tomar el dominio? ¿Está listo para tomar su ciudad para Jesús? ¿Está listo para volver su nación hacia Dios? ¡Es el momento para ir al campo enemigo y tomar de nuevo lo que él se ha robado!

PREGUNTAS PARA LA DISCUSIÓN

1. ¿En qué dice el Señor en Deuteronomio 28:13 que lo convertirá a usted?

2. (a) De acuerdo con Deuteronomio 11:24, ¿en cuáles lugares tendrá usted dominio?

   (b) En Marcos 16:15, ¿qué se nos ordena hacer?

   (c) Marcos 1:15 dice que donde quiera que vayamos, ¿qué le debemos decir a la gente?

3. ¿Qué se nos que fuéramos en Deuteronomio 31:6?

4. Usted puede poner la sangre de Jesús sobre las puertas del tabernáculo de su vida porque, de acuerdo con 1 Juan 4:4:

   El que está en _____ *es más*
   _____ *que el que está en el*
   mundo.

5. De acuerdo con Romanos 8:17, no sólo somos simples varones y mujeres de Dios. Somos "_____ ___ de _____".

6. En Mateo 18:18, ¿qué nos dice Jesús acerca de atar y desatar?

CAPÍTULO 7

EL CORAZÓN PERFORADO DE JESÚS NOS DEVOLVIÓ NUESTRO GOZO

Entonces los judíos, por cuanto era la preparación de la pascua, a fin de que los cuerpos no quedasen en la cruz en el día de reposo (pues aquel día de reposo era de gran solemnidad), rogaron a Pilato que se les quebrasen las piernas, y fuesen quitados de allí. Vinieron, pues, los soldados, y quebraron las piernas al primero, y asimismo al otro que había sido crucificado con él. Mas cuando llegaron a Jesús, como le vieron ya muerto, no le quebraron las piernas. Pero uno de los soldados le abrió el costado con una lanza, y al instante salió sangre y agua.
—Juan 19:31–34, RVR

El sexto lugar donde Jesús derramó su sangre fue donde un soldado metió una lanza en su costado y brotó sangre y agua. Jesús murió para que pudiéramos ser perdonados. Él estaba con el corazón destrozado por el peso de nuestros pecados. Todos hemos escuchado que se dijo que los clavos en sus manos y pies no los sostuvieron en la cruz; fue su amor por nosotros. Mientras estuvo colgado en la cruz, el corazón de Jesús se destrozó por nosotros. Cuando el soldado romano perforó su costado, esa sangre de su corazón roto fluyó por nosotros.

Era regla de la práctica del Sábado que no debía haber nadie en la cruz cuando empezaba el Sábado. Jesús fue crucificado en viernes y el sábado empezaba al atardecer de ese día. Par cumplir con la ley judía, los soldados fueron donde cada crucificado para romperles las piernas. Eso era para apresurar su muerte para que estuvieran muertos antes que empezara el sábado.

Cuando alguien moría en la cruz, no moría por el dolor de la crucifixión en poco tiempo, o en una hora, etc., —esto podía tardar días. Eventualmente ya no podía sostenerse y el peso de su propio cuerpo causaba que sus pulmones colapsaran. Tenía una muerte lenta y horrible por sofocación. Sin embargo, de acuerdo con la ley judía, el cuerpo no debía permanecer en la cruz durante la noche, por lo que se bajaba y se enterraba, por si la maldición es transferida a la tierra (véase Deuteronomio 21:22–23).

Las Escrituras habían profetizado que ningún hueso del cuerpo de Mesías sería roto (véase Juan 19:36 y Salmos 34:20). Cuando fueron donde Jesús para romperle las piernas, se encontraron que no había necesidad de hacerlo porque Él ya había muerto.

Cuando Jesús anunció su ministerio en la sinagoga, Él leyó del manuscrito.

El Espíritu del Señor está sobre mí, por cuanto me ha ungido para anunciar buenas

nuevas a los pobres. Me ha enviado a pro-
clamar libertad a los cautivos y dar vista a
los ciegos, a poner en libertad a los oprimi-
dos.   (Lucas 4:18)

Jesús fue ungido con el poder de Dios para re-
mover cargas, para destruir yugos y para sanar los
corazones quebrantados. ¿Por qué del corazón destrozado? Porque Dios desea que su pueblo viva con
gozo. Cuando estamos llenos de gozo, tenemos la
fuerza para pelear la buena batalla de la fe.

El gozo del Señor es nuestra fortaleza.
                                    (Nehemías 8:10)

Jesús no sólo llevará su pecado, sino también,
toma el dolor de ese pecado. Como el viejo refrán dice:
"Él convertirá nuestro dolor en resplandor y nuestras
cicatrices en estrellas".

No se desprecia al ladrón que roba para mi-
tigar su hambre; pero si lo atrapan, deberá
devolver siete tantos lo robado, aun cuando
eso le cueste todas sus posesiones.
                                    (Proverbios 6:30–31)

El diablo es el que viene a robar, matar y destruir. Cuando usted descubre que batallamos no
contra sangre ni carne, se dará cuenta que no es
la gente quien le quitará su vida. El ladro no es su
ex esposa, su ex esposo o su ex jefe. El ladrón es el
diablo. Así lo dice la Biblia, y ahora debe pagarle de
regreso por siete veces. Sabiendo eso, usted puede
decir con confianza: "*Sabemos que Dios dispone to-*
das las cosas para el bien de quienes lo aman, los

que han sido llamados de acuerdo con su propósito" (Romanos 8:28).

Romanos 8:28 es uno de mis favoritos de las Escrituras en la Biblia, porque es la única manera que podemos llevar la instrucción de Dios para regocijarnos en el Señor siempre. Puede que usted diga: "¿Cómo puedo regocijarme después de todo lo que he pasado?". Porque Dios dice que Él puede cambiar, aún las cosas peores que le hayan sucedido, para bien. No importa lo que sea, el poder de la sangre de Jesús lo revertirá para su prosperidad y su bendición.

¿Recuerda la historia de José? Cuando compartió sus sueños con sus hermanos, en vez de regocijarse con él, lo metieron en un hueco y lo vendieron. Le dijeron a su padre que había muerto. José pasó por increíbles dificultades, pero eventualmente terminó en el mismo lugar que Dios había preparado para que estuviera: el segundo hombre más poderoso en todo Egipto. Cuando la hambruna golpeó la tierra, los hermanos de José fueron donde él por comida. Al perdonar a sus hermanos y proveerles, José nos da la mayor enseñanza de fe en la Biblia:

> *Pensaron hacerme mal, pero Dios transformó ese mal en bien para lograr lo que hoy estamos viendo: salvar la vida de mucha gente.* (Génesis 50:20)

Los cristianos deben tener la revelación de que lo que el diablo use para mal en nuestras vidas, Dios lo usará para bien. ¿Por qué? Porque Romanos 8:28 dice que Dios dispone todas las cosas para el bien de quienes lo aman y cumplen sus propósitos en sus vidas. Ahora, ¿eso es algo para que nos de gozo?

El gozo que el enemigo le ha robado le debe ser devuelto multiplicado siete veces. ¡Es día de pago! Jesús dijo: "He venido a darte gozo, he venido a darte vida, he venido a darte una buena ovación" (véase Juan 10:10). El gozo debe ser el elemento central de la vida del cristiano. De hecho, después que somos salvos y bautizados en el Espíritu Santo, si no tenemos gozo, no tenemos fuerzas. Jesús vino a sanar el corazón roto, a restaurar nuestro gozo y para renovar nuestras fuerzas.

Una mujer en nuestra iglesia había sufrido de desorden bipolar por treinta años de, también conocido como maniaco-depresivo, una enfermedad genética incurable con un índice de suicidio del 20 por ciento debido a la depresión extrema que éste provoca. Ella había estado con todo el medicamento posible, incluyendo confinamiento psiquiátrico, para sanar su salvaje e incontrolable mal humor desequilibrado. Desde la edad de diez años, había sufrido no sólo su depresión desgastante, sino también del malentendido y rechazo de la gente quienes no entendían sus fluctuaciones extremas de mal humor. Después de orar con ella, esto es lo que nos escribió:

Estimado Pastor Huch,

¡Desde que he estado libre de las maldiciones generacionales, mis malos humores son más estables que nunca antes en toda mi vida! Mi funcionamiento mental está más allá de lo jamás haya experimentado o pensado que fuera posible. Estoy reclamando una restauración por siete veces en todas las áreas que Satanás ha tratado de destruir.

Shelly

Por más de dos años ya, ella ha estado viviendo una vida de gozo y libertad que nunca pensó ser posible. El gozo de la vida le ha sido restaurado de nuevo por causa del corazón roto que Jesús sufrió en la cruz.

EL CORAZÓN ROTO DE JESÚS

Jesús sabe lo que es sufrir de un corazón roto, no sólo físicamente por su muerte en la cruz, sino también por la traición y el rechazo por los que Él vino a amar y llamó sus amigos. A muchos de ellos que Él ministró que gritaron: "¡Crucifíquenle!".

Cuando Jesús se paró frente a Pilato, el gobernador romano en Israel, Pilato sintió la convicción del Espíritu Santo. Él quiso liberar a Jesús porque sabía que estaba libre de falta. Aun la propia esposa de Pilato le advirtió: *"No te metas con ese justo, pues por causa de él, hoy he sufrido mucho en un sueño"* (Mateo 27:19). Pilato estaba buscando una manera de salirse, pero también quería complacer al pueblo que estaban pidiendo la ejecución de Jesús. En la práctica de la costumbre de la Pascua de los hebreos, un prisionero podía ser liberado, por lo que Pilato sugirió al pueblo que escogieran a Jesús.

Ahora bien, durante la fiesta él acostumbraba soltarles un preso, el que la gente pidiera. Y resulta que un hombre llamado Barrabás estaba encarcelado con los rebeldes condenados por haber cometido homicidio en una insurrección. Subió la multitud y le pidió a Pilato que le concediera lo que acostumbraba.—¿Quieren que les suelte al

*rey de los judíos?—replicó Pilato, porque se
daba cuenta de que los jefes de los sacerdotes habían entregado a Jesús por envidia.
Pero los jefes de los sacerdotes incitaron a
la multitud para que Pilato les soltara más
bien a Barrabás.—¿Y qué voy a hacer con el
que ustedes llaman el rey de los judíos?—les
preguntó Pilato.—¡Crucifícalo!—gritaron.—
¿Por qué? ¿Qué crimen ha cometido? Pero
ellos gritaron aun más fuerte:—¡Crucifícalo!
Como quería satisfacer a la multitud, Pilato
les soltó a Barrabás; a Jesús lo mandó azo-
tar, y lo entregó para que lo crucificaran.*

(Marcos 15:6–15)

Jesús era el Hijo de Dios. Él tenía el Espíritu de
Dios. Pero también era de carne y huesos, un hombre que sentía lo mismo que usted y yo sentimos.
Jesús creció en una familia, vivió y anduvo entre la
gente por treinta años. Luego anduvo entre la gente
por tres años de ministerio. Amó a la gente. Bendijo
a la gente. Los niños corrían hacia Él y le abrazaban.
Entonces, fue traicionado por Judas, uno de los discípulos que más amó.

Jesús sabía lo que era tener un corazón herido.
Primero, uno de sus amigos más cercano lo traicio-
nó y lo entregó a las autoridades romanas. Segundo,
la misma gente que amó, la misma gente con quien
comió, sanó, liberó y bendijo, empezaron a gritar:
"Danos al asesino Barrabás. Crucifica a Jesús". Esta
misma gente a quien Él amó y que había caminado
junto con Él lo estaban golpeando, escupiendo, mo-
fando y haciendo un espectáculo de Él.

Luego Pedro lo negó tres veces. Sería como su mejor amigo o su esposo viéndole a usted y diciéndole a alguien: "No le conozco". Jesús sintió igual como sentimos nosotros si eso nos sucediera.

Jesús colgado en la cruz, desnudo y en frente de su madre. Le habían rasgado la barba de su cara. Había puesto una cruel cruz de espinas en su cabeza para burlarse de Él. Escupidas caían de su cabello. Encima de todo eso, cada pecado que se había estado cometiendo—cada mentira, cada violación, cada foto de pornografía, cada drogadicción, cada holocausto de terror—cayó sobre Él, aquel que nunca había pecado. Él tomó nuestros pecados sobre Sí, y en ese momento, Dios, su propio Padre, no tenía otra elección que darle la espalda.

A las tres de la tarde Jesús gritó a voz en cuello:—Eloi, Eloi ¿lama sabactani? (que significa: "Dios mío, Dios mío, ¿por qué me has desamparado?".).   (Marcos 15:34)

Su corazón estaba roto para que el corazón suyo y el mío pudieran ser hechos totalmente. Vencimos las heridas de los corazones rotos por medio de la sangre del Cordero. Jesús se volvió en nuestro pecado para que no tuviéramos pecado. Él se volvió nuestra enfermedad para que no estemos enfermos. Él volvió en nuestro corazón roto para que no tuviéramos que tener un corazón roto. Jesús vino a restaurar nuestro gozo.

Él les enjugará toda lágrima de los ojos. Ya no habrá muerte, ni llanto, ni lamento ni

*dolor, porque las primeras cosas han deja-
do de existir.* (Apocalipsis 21:4)

Sana a los quebrantados de corazón [sa-
nando sus dolores y sus tristezas], *y venda
sus heridas.* (Salmos 147:3, LBLA)

ENTRÉGUELE A DIOS SUS DOLORES

Si usted no le permite a Dios que le sane sus
dolores, sus dolores no atendidos se vuelven en
amarguras. Jesús le enseñó a orar a sus discípulos
en Mateo 6:12: *"Perdónanos nuestras deudas, como
también nosotros hemos perdonado a nuestros deu-
dores".* Y luego les dijo: *"Porque si perdonáis a los
hombres sus ofensas, os perdonará también a voso-
tros vuestro Padre celestial; mas si no perdonáis a
los hombres sus ofensas, tampoco vuestro Padre os
perdonará vuestras ofensas"* (Mateo 6:14–15, RVR).

Así es como aprendí cómo perdonar: Descubrí
quién es el ladrón, y no es una persona; es el demonio. También me di cuenta que no lucho contra
carne, ni sangre. Rechazo pelear contra la gente; pe-
leo con principados, potestades y gobernantes de las
tinieblas en lugares altos (véase Efesios 6:12).

La gente no es más que instrumentos, ya sea de
Dios o del diablo. Si pongo mis manos en una persona y le bendigo, o les toco y son sanados, ¿quién
les ha bendecido? Sabemos que eso es Jesús. Pero
si pongo mis manos en una persona y la destruyo o
trato de dañar lo que estén haciendo, ¿quién les ha
hecho daño? La mayoría dirá que yo lo hice, pero yo
sólo elijo permitirle al demonio que me use y así él
puede dañar a alguien. Hemos sido entrenaos para

darle *gloria* a Dios, pero debemos haber sido entrenados para darle al demonio la máxima *culpa*.

Ahora, no me mal interprete. ¡No estoy diciendo que la gente no debe ser considerada por sus acciones! Si un hombre entra en mi casa y se roba todo lo que tengo, debe tomar la responsabilidad de sus acciones. Ningún tribunal perdonará un crimen porque el criminal diga: "¡El demonio me impulsó a hacerlo!"; pero, como cristianos, debemos mirar más allá de la persona por el poder detrás de sus acciones. Y también esto nos fuerza a hacernos la pregunta: "¿Quién me está usando justo ahora? ¿Jesús o Satanás?".

La gente son simple instrumentos. Si estamos en las manos del Carpintero, Jesús, somos usados para edificar a la gente. Si estamos en las manos del destructor, Satanás, somos usados para hacerle daño a la gente. Permítame darle un ejemplo. Un martillo es una herramienta sencilla. Ese martillo puede construir o derribar paredes. Si usted mira una pared, no le da la gloria al martillo. Si usted mira huecos en la pared, no le eche la culpa al martillo. El martillo es sólo una herramienta en las manos de alguien. Es por esto que Jesús dijo que batallamos no con carne, ni hueso sino con espíritus malignos. Desafortunadamente, todos hemos estado martillándonos unos a otros en un minuto, y tratando de edificarnos en el siguiente minuto.

Al tratar con el perdón, debemos perdonar para ser perdonados, y para perdonar, debemos darnos cuenta quién es el ladrón. Cuando lo hagamos, él debe devolvernos el gozo del Señor por siete veces. Debemos perdonar aquellos que nos hieren, sabiendo que el que está detrás de sus acciones contra nosotros es el diablo.

—Padre, —dijo Jesús—, perdónalos, porque no saben lo que hacen. (Lucas 23:34)

Jesús comprendía que era el diablo, no la gente, quien estaba tratando de destruirlo.

Mientras lo apedreaban, Esteban oraba. — Señor Jesús —decía—, recibe mi espíritu. Luego cayó de rodillas y gritó: —¡Señor, no les tomes en cuenta este pecado! Cuando hubo dicho esto, murió. (Hechos 7:59–60)

Esteban comprendió que nuestra lucha no es contra carne y sangre.

Jesús detendrá la maldición y Él revertirá la maldición. Él sanará su dolor, y una vez que haya sanado, usted ya no estará amargado. El resentimiento y odio ya no serán parte de su vida. Al recibir el gozo del Señor le abrirá las ventanas del cielo para su vida.

• Cuando su gozo regrese, se volverá fuerte en fe.

• Cuando usted sea libre, no estará amargado; estará mejor.

• Cuando usted está feliz, su luz brilla para los que están heridos.

La Biblia nos dice que pongamos nuestras manos en el arado y no ver hacia atrás. No debemos ver lo que pudo haber sido, lo que pudiera haber sido. ¡Debemos mirar hacia adelante! Nuestra cosecha de gozo, bendición y prosperidad no está detrás de nosotros sino al frente nuestro. ¡El arado es la sangre, y Jesús es el Señor de la cosecha!

Recibimos esta carta de una mujer que experimento abatimiento y gran tristeza a raíz de sus penurias en su temprana edad. Sin embargo, el Señor tenía más de lo que ella hubiera pensado posible.

Estimada Pastora Tiz,

Pasé mis años de adolescencia en hogares sustitutos. Estaba perdida y amargada, y para mí, las drogas y el licor fueron la "buena vida" que no tuve. La mayor parte de mi vida adulta fui una alcohólica en etapa terminal y abusadora de drogas. Debido a mi temor y adicciones, no era capaz de trabajar y viví de la ayuda estatal por muchos años.

Mi alcoholismo me puso en situaciones donde fui violada dos veces y golpeada más veces de las que pueda contar. Esto provocó que mis hijos me los quitaran. Vivía en depravación, pobreza, enfermedad y pecado. Mi vida era una total desesperanza e inmoralidad.

En 1981, en mi segunda ronda de tratamientos por abuso de químicos, me las arreglé para estar sobria en los Alcohólicos Anónimos por un año. Luego me volví suicida y quería terminar con mi vida. Creía que era la peor pecadora del mundo y que Dios no podía ni posiblemente amarme.

Una noche estuve escuchando un disco cristiano y entregué mi vida a Jesús. Mi vida ha sido radicalmente cambiada desde entonces. Ahora he estado sobria por quince años por la preciosa misericordia y gracia de mi Salvador.

Cuando había estado sobria por seis años, aprendí a conducir, porque quería ir a la universidad. En 1993 me gradué de la Universidad Estatal de Portland con altos honores, y fui aceptada en la escuela de medicina con una beca estatal. Estoy en la lista de decanos de mi escuela de medicina y fui nominada para Quién es Quién Entre los Estudiantes de las Universidades y Recintos en los Estados Unidos de América para 1996. Toda la gloria es de Dios.

Creo que el Señor me ha traído a Nuevos Comienzos por un propósito divino. Alabo a Dios por todo lo que usted y su personal están haciendo por aquellos que vivieron como yo y por otros que están perdidos y sin esperanzas.

Agradezco a Dios todos los días por lo que Él ha hecho. ¿Qué hubiera hecho yo sin mi Salvador? Jesús es verdaderamente "el que puede hacer muchísimo más que todo lo que podamos imaginarnos o pedir" *(Efesios 3:20).*

Nicole

Sanar los corazones rotos no es algo que podamos hacer nosotros mismos; es algo que Dios ya hizo. Debemos reclamarlo. Aunque usted haya andado abatido por años, Jesucristo le hará nuevo cada pedacito. Hoy, permita que el poder sanador de Jesucristo le libere de todos sus dolores, tristezas y aflicción. Permítale llenarle con el gozo del Señor, y deje que ese gozo se vuelva su fortaleza, no sólo para hoy, sino para el resto de su vida.

Que las misericordias del Señor jamás terminan, pues nunca fallan sus bondades.

(Lamentaciones 3:22–23, LBLA)

PREGUNTAS PARA LA DISCUSIÓN

1. (a) De acuerdo con la ley judía, ¿por qué un cuerpo no debía permanecer en la cruz por la noche? Véase Deuteronomio 21:22–23.

(b) La Escritura ha profetizado que ningún hueso en el cuerpo del Mesías sería roto. Cuando los soldados fueron donde Jesús a romper sus piernas, ¿qué descubrieron? Véase Juan 19:36 y Salmos 34:20.

2. ¿Qué dijo Jesús que vino a hacer? Léase Lucas 4:18, y haga una lista de cosas que el Espíritu le ungió que hiciera.

3. ¿Qué dice Proverbios 6:30–31 que el diablo debe devolverle?

4. No la gente que le roba la vida a usted. El ladrón es el diablo, y ahora debe devolverle por siete veces. Sabiendo esto, ¿qué puede decir con confianza de acuerdo con Romanos 8:28?

5. Al igual que José perdonó a sus hermanos y les aprovisionó, ¿qué gran enseñanza de fe nos dio en Génesis 50:20?

6. Jesús sabía lo que era tener un corazón roto. Léa se cada una de las siguientes Escrituras y haga una lista de circunstancias de abatimiento circundante a su muerte:

(a) Marcos 14:10–11

(b) Marcos 14:72

(c) Marcos 15:11–14

7. ¿Qué gritó Jesús en Marcos 15:34?

8. El corazón de Jesús fue roto para que el corazón suyo pueda ser hecho nuevo. ¿Cómo provee Salmos 147:3 esta declaración?

9. ¿Qué le enseño Jesús a sus discípulos para orar en Mateo 6:12, 14–15?

10. Debemos perdonar aquellos que nos hacen daño, sabiendo que el que está detrás de sus acciones en nuestra contra es el diablo. ¿Qué dijo Jesús en Lucas 23:34 que demuestra sus principios?

Capítulo 8

El cuerpo molido de Jesús ganó nuestra liberación de los dolores y las iniquidades internas

*Él fue traspasado por nuestras rebeliones,
y molido por nuestras iniquidades; sobre él
recayó el castigo, precio de nuestra paz, y
gracias a sus heridas fuimos sanados.*
—Isaías 53:5

El sexto lugar donde Jesús derramó su sangre fue en sus heridas. Él fue hasta las puertas del infierno y trajo de regreso las llaves del reino para romper cada maldición de iniquidad. No sólo fue herido por nuestras transgresiones; este versículo dice: "Él fue molido por nuestras iniquidades". Así como lo discutimos anteriormente, iniquidad significa "un acto malvado o pecado", pero el Espíritu Santo me ha mostrado que la iniquidad también puede ser entendida como cualquier espíritu que trate de derrotarnos. Es una fuerza espiritual en el otro lado que nos presiona a rendirnos o doblegarnos bajo su naturaleza destructiva.

Si usted tiene una herida en su cuerpo, quiere decir que usted está sangrando desde *adentro*. Algunos moretones duran mucho tiempo y algunas heridas son muy profundas. Dios dijo: "No sólo perdonaré lo que ellos hayan hecho desde *afuera*, sino que les daré el poder desde *adentro* para que puedan andar en victoria total".

Cambiado desde adentro para afuera

La Biblia dice que las iniquidades del padre son pasadas hasta la tercera y cuarta generación—desde el padre, a los hijos, y a los hijos de los hijos. La iniquidad algunas veces puede estar *en* su familia o *sobre* su familia. Pero, es la fuerza torrencial demoníaca dentro de una persona lo que provoca que esa persona haga daño de alguna manera. Jesús dijo: "No sólo fui herido para perdonarle sus pecados, sino también fui molido desde adentro para hacer el milagro dentro de usted, permitiéndole ir de un hombre enojado a un hombre santo. Usted irá de un niño adicto a un niño libre. Usted ira de una mujer que fue suicida a una mujer llena de gozo porque mi sangre es mayor que cualquier fuerza demoníaca que venga contra usted".

Cuando hablo acerca de romper una maldición generacional, no me refiero a la lucha contra un carácter débil o maldición familiar para el resto de su vida. Me refiero a ser redimido por la sangre de Jesús. Me refiero a ser sanado, tanto físicamente, emocionalmente y espiritualmente. Podemos declarar la sangre de Jesús para limpiar nuestro pecado y para liberarnos de la iniquidad que nos conduce a hacer la precisa cosa que no nos gusta hacer.

Y Él murió por todos, para que los que viven
ya no vivan para sí, sino para el que murió

> *por ellos y fue resucitado... Por lo tanto, si
> alguno está en Cristo, es una nueva crea-
> ción. ¡Lo viejo ha pasado, ha llegado ya lo
> nuevo!* (2 Corintios 5:15, 17)

Cuando alguien ha sufrido de golpes o empu-
jones físicos, desarrolla una magulladura descolori-
da. Pero cuando una persona ha sido golpeada desde
adentro, por lo general no muestra ese dolor por fuera. Andamos por ahí y nos decimos: "¿Cómo está?",
respondemos: "¡Fabuloso!", pero por dentro nos decimos a nosotros mismos: "Horrible". Decimos por
fuera que las cosas están fabulosas, pero por dentro
decimos: "Estoy muriendo".

Una mujer puede estar sentada en el banquillo
de la iglesia cantando: "A un Poderoso Dios Servimos", y palmea sus manos con todos los que están
a su lado, pero por dentro ella está llorando. Ella se
siente sola y no sabe cómo hacer amigos. Fue abusada cuando niña y está golpeada. Cuando una parte
de nuestro cuerpo está golpeado, esa área se siente
sensible y no queremos que nadie la toque. ¡Duele
demasiado!

Nuestros golpes no siempre se muestran en lo
exterior. Ponemos una buena cara y la cubrimos
muy bien porque somos gente de fe y creemos que
debemos gozarnos siempre en el Señor. Sin embargo,
por dentro estamos desesperadamente dolidos. Hemos sido tumbados al suelo, derribados y derrotados
y pensamos que porque somos cristianos "vencedores" nunca debemos dejarle saber a nadie de esto.

Una miembro del Centro Cristiano Nuevos Comienzos compartió su testimonio de Dios sanándola
por dentro.

Estimado Pastor Huch,

Soy una ex drogadicta y ex prostituta. Soy una de esas personas que nadie quería. Asistí a la iglesia hasta la edad de cinco años. Nunca me olvidé de Dios, aunque la mayor parte de mi vida no la viví para Él.

Cuando primeramente nací de nuevo, empecé a asistir a la Iglesia Nuevos Comienzos. Creo en el pastor Huch y creo en su ministerio. Estoy contenta de estar en la iglesia y muy feliz de estar viva y sirviendo a Dios.

Laura

Oramos por Laura y Dios rompió las maldiciones de pobreza, adicciones y baja autoestima que había en su vida. Obtuvo su título de secundaria, fue a la universidad, obtuvo un buen empleo y se volvió en una de los mayores dadores en la iglesia. También es una constante ganadora de almas y mentora de chicas que salen de las calles.

Cuando alguien está magullado, quiere decir que están sangrando no por fuera sino por dentro. Dios dijo: "No sólo perdonaré lo que hayas hecho por fuera, sino que voy a cambiar a esa persona desde adentro". Jesús derramó su sangre por dentro como por fuera. Él fue magullado por dentro para cambiar a la persona por dentro, para cambiar la naturaleza que les provoca dolor o sufrimiento. Por medio de su sangre derramada, no sólo somos libres; ¡somos verdaderamente libres!

Al que no cometió pecado alguno, por nosotros Dios lo trató como pecador, para que en el recibiéramos la justicia de Dios.

(2 Corintios 5:21)

PREGUNTAS PARA LA DISCUSIÓN

1. Léase Isaías 53:5 y llene los espacios en blanco siguientes:

   El fue _____ por nuestras _____, y _____ por nuestras _____; sobre él recayó el _____, precio de nuestra paz, y gracias a sus _____ fuimos sanados.

2. Larry escribe:

   Cuando hablo acerca de romper una maldición generacional, no me refiero a una lucha contra un carácter débil o maldición generacional para el resto de su vida. Me refiero a ser redimido por la sangre de Jesús. Me refiero a ser sanado, física, emocional y espiritualmente. Podemos clamar la sangre de Jesús para limpiar nuestro pecado y para libertarnos de la iniquidad que nos conduce a hacer la precisa cosa que no nos gusta hacer. La clave para recibir la bendición de Dios no es sólo ser salvado, sino lograr el cambio—¡transferido de la criatura vieja a la nueva!

   ¿Cómo apoya 2 Corintios 5:15, 17 su comentario?

3. ¿Que confianza nos dio Jesús en Juan 8:30 que por medio de su sangre derramada somos libres?

Notas finales

1. Strong, "Diccionario griego del Nuevo Testamento", #4982.

2. Ibid., #3528.

3. Strong, "Diccionario hebreo y caldeo", #3084.

4. T. Rees, "God," *New International Bible Encyclopedia* ["Dios", Nueva Enciclopedia Internacional de la Biblia], vol. II (Grand Rapids, MI: Wm. B. Eerdmans Publishing Co., 1956, reimpreso 1980), 1254.

5. Strong, "Diccionario hebreo y caldeo", #2250 y "Diccionario griego del Nuevo Testamento", #3468.

6. Strong, "Diccionario hebreo y caldeo", #693.

ACERCA DEL AUTOR

Larry Huch es el fundador y pastor principal de DFW New Beginnings [Nuevos comienzos] en Irving, Texas. Fundada en noviembre de 2004, esta iglesia no denominacional se ha convertido rápidamente en una congregación diversa y multiétnica de varios miles de personas. El Pastor Larry y su esposa Tiz, son movidos por un compromiso apasionado por ver a la gente prosperar en cada área de su vida. Esa pasión, junto con su entusiasmo, amor genuino por la gente y su eficaz enseñanza, ha propulsado un ministerio que se extiende ya durante más de treinta años y en dos continentes.

Esa misma energía y compromiso para compartir un mensaje positivo, transformador y basado en la Biblia con el mundo, es el sello del programa de televisión internacional del Pastor Larry, *New Beginnings* [Nuevos comienzos]. Este programa se transmite semanalmente a millones de hogares alrededor del mundo y ha servido para tocar y cambiar las vidas de innumerables personas.

La combinación de humor, un estilo de enseñanza dinámico y un profundo entendimiento de la Biblia son la firma del Pastor Larry, la cual le ha hecho ser alguien muy solicitado en programas de televisión, conferencias y otras formas de medios de comunicación. El Pastor Larry es un pionero en el área de romper maldiciones familiares, y ha sido reconocido en el mundo por sus enseñanzas sobre el tema, junto con su libro éxito de ventas, *Libre al Fin*. Su libro de seguimiento, *10 Maldiciones Que Bloquean la Bendición*, también son éxitos de ventas. Como exitoso autor, el Pastor Larry ha sido honrado con los testimonios de miles y miles de personas cuyas vidas han sido impactadas y alteradas para siempre por su testimonio y sus enseñanzas.

El Pastor Larry está totalmente comprometido a unir la brecha existente entre cristianos y judíos y a restaurar la iglesia a sus raíces judeocristianas, lo que lo motivó a escribir sus últimos libros, *La Bendición Torá* y *Antiguos Secretos Bíblicos Desvelados*. Él cree firmemente en el estudio, entendimiento y enseñanza de la Palabra desde una perspectiva judía. Larry tuvo el honor de haber hablado con el Knesset israelí, y ha recibido premios de Knesset Social Welfare Lobby [Knesset Lobby de Bienestar Social] por la generosidad de su ministerio hacia las necesidades de los judíos en Israel.

Los pastores Larry y Tiz son los orgullosos padres de tres maravillosos hijos (y un yerno y una nuera), los cuales están todos activos en el ministerio. Sus tres nietos, los "dulces", ¡son el amor de sus vidas!

Para más información sobre el ministerio
de Pastor Larry Huch, visite su sitio Web:

www.larryhuchministries.com.